KB056554

남북한
청소년
말모이

일러두기

1. 겨레말큰사전남북공동편찬사업회에서 펴낸 『한눈에 들어오는 남북 생활 용어 2』와 북한의 문화어 사전인 『조선말대사전』을 기초 자료로 하여 청소년의 눈높이에 맞는 북한 말을 선정하였습니다.

2. 북한 말의 뜻풀이는 『표준국어대사전』과 『조선말대사전』의 내용을 바탕으로 제시하였고, 사전에 수록되지 않은 북한 말은 겨레말큰사전남북공동편찬사업회에서 펴낸 『한눈에 들어오는 남북 생활 용어 2』와 『한눈에 들어오는 남북 어휘 의미·용법』을 바탕으로 그 뜻을 제시하였습니다.

3. 북한 말의 표기는 『조선말대사전』을 따랐고, 남한 말의 표기는 『표준국어대사전』을 따랐습니다.

남북한 청소년 말모이

기획·감수
겨레말큰사전남북공동편찬사업회

창비교육

들어가는 말

청소년 여러분, 안녕하세요.

저는 소설가입니다. 소설가는 우리말에 기대어 살아가는 이야기꾼입니다. 수천 년 동안 어머니에서 어머니로 이어져 온 우리말과 세종 대왕이 창제한 한글에 평생을 빚지고 살아가는 사람이란 뜻이기도 합니다. 저는 분단 이후 최초로 '남북작가대회'를 성사시켰고, 남북 공동의 통합 국어사전인 『겨레말큰사전』을 만들기 위해 북한을 자주 다녔습니다. 나중에는 제 차를 몰고 개성과 금강산을 다니기도 했습니다. 그 정도로 북한을 많이 다녔다는 뜻이지요.

북한을 다닐 때 거리에서 북한의 청소년들을 자주 만났습니다. 반갑다고 손을 흔들면 북한의 청소년들은 쑥스러워하면서도 손을 흔들어 주었습니다. 그 모습이 참 예뻤습니다.

어느 날 문득, 남북한의 청소년들이 서로 친한 벗이 되는 방법이 무엇일지 생각해 보았습니다. 벗이 되기 위해서는 먼저 서로를 알아 가는 시간이 필요하지요. 고등학교 시절, 외국에 있는 친구들과 펜팔을 하면서 서툰 영어로나마 서로를 이해하려고 애썼던 기억이 있습니다. 그런 기억을 떠올리며 남북한 청소년 여러분들이 서로의 말을 알아보는 '말모이'가 있으면 좋겠다고 생각했습니다.

서로의 말을 알아 가는 것, 그것이 바로 통일이 아닐까 생각합니다. 남북의 청소년들은 모두 세종 대왕이 창조한 한글을 사용하고 있으며 수천 년 동안 어머니와 어머니로부터 이어져 온 민족의 말을 사용하고 있습니다. 서로 만나면 통하지 않을 것이 없겠습니다만, 사용하고 있는 낱말이나 풍습이 약간씩 다른 것도 사실입니다.

우리는 청소년들이 한반도의 평화를 이루고, 또 여러분이 통일 시대의 진정한 주인공이 되기를 바라는 마음으로 이 책을 썼습니다. 전체적으로는 북한 청소년들의 생활과 관련이 있는 어휘를 위주로 골랐고, 각 부 안에서는 앞에서 말한 내용이 이어지는 뒤의 내용을 이해하는 데에 배경지식이 되게끔 단어의 순서를 정리했습니다.

1부에서는 학교와 교육 분야의 말로 북한 청소년들의 학교생활을 살펴보았고, 2부에서는 정치와 사회 분야의 말로 오늘날 북한 사회의 모습과 장마당을 비롯한 경제생활을, 3부에서는 의식주 분야의 말로 북한의 음식, 의복 등을 살펴보았습니다. 4부에서는 문화와 체육 분야의 말로 문화생활과 체육 경기를, 5부에서는 일상생활에서 자주 쓰이는 말로 북한 사람들의 일상생활과 여가 활동 등을 살펴보았습니다. 북한 말을 디딤돌 삼아 이

책을 재미있게 읽는 것만으로도 북한의 생활 문화를 두루 알 수 있게 하려 애썼습니다.

청소년 여러분, 여러분은 미래 한반도의 주인공입니다. 미래 한반도는 남북의 청소년 여러분이 만들어 가는 꿈의 터전입니다. 미래 한반도의 주인이 될 남과 북의 친구들이 어서 빨리 만나기를 기원하면서, 그 만남에 이 책이 도움이 되기를 소망해 봅니다. 감사합니다.

집필자를 대표해 정도상 올림.

차례

정치와 사회

2부 장마당과 전자상점, 어디로 갈까?

의식주

3부 평양냉면 한 그릇 주세요!

문화와 체육

4부

승부를 가른 십일메터벌차기

일상생활 5부

우리 같이 산보할까?

등장인물

사교성 좋고
원만한 성격.
세심하게 친구들을 돕고
책임감이 강하다.

나은

연구형, 신중하고
새로운 것을 알고
싶어 한다.
아이디어가 많다.

유민

유쾌하고 발랄하다.
유머 감각이 좋고
호기심이 많다.

아영

씩씩하고
리더십이 있다.
동아리 회장이기도 하며
배려심이 깊다.

프롤로그 출발, 남북한 말모이!

1부

궁금해, 북한 친구들의 학교생활

학교와 교육

안녕하세요.
'남북한 말모이'
채널입니다!
북한 말을 통해 북한의
생활 문화를 살펴보고,
그 내용을 여러분과
공유하려고 해요.
떨려-.
레디, 큐!

오늘은 북한의
학교생활을
살펴볼 거예요.
의무 교육
소학교
(=초등학교)
초급중학교
(=중학교)
고급중학교
(=고등학교)
초등학교, 중학교,
고등학교처럼 북한도 소학교,
초급중학교, 고급중학교가
있습니다.

고급중학교를
졸업한 뒤에는
세 가지 길이
있어요.
대학
군대
직장
고급중학교
(=고등학교)

북한은 소학교가 5년제래.
초등학교 5학년을 마치면
중학생이 되는 거지.

우리가 아직 고등학생일 때
북한 친구들은 군대에
가 있을 수 있는 거야?
그렇지!

다른 점은 또 있어요!
우린 매년 담임 선생님이
달라지지만,
선생님
선생님
선생님
1학년
2학년
3학년

북한은 1학년 때 만난 담임 선생님,
친구들과 쭉 같이 생활한대요.
선생님
1학년 ~ 3학년

그럼 선생님이랑
친구들이
가족 같겠다.
난 별로. 반이 바뀌는
재미가 없어지잖아.
너 혹시 우리가 맘에
안 드는 거 아니냐?
ㅎㅎ

북한에서는 '수업 시간'을
'상학 시간'이라고 하고,

보통 하루 6교시씩
수업을 해요.
우리랑 비슷하죠?
6교시
6교시

아… 매일 6교시는
진짜 너무해.

우리와 교과명이
같은 것도 있고
다른 것도 있어요.
국어 문학
농업 기초
군사 활동
림업
심리와 론리
수학
사회주의
도덕과 법
력사
미술

같은 듯 조금씩
다르네.
수업 말고
다른 활동도 있겠지?

북한에서도
공부만 하진 않아요!

'원족'도 가고
'소조활동'도
하니까요.
북한에서는 소풍을
원족이라고 하고,
방과 후 활동을
소조활동이라고 불러요.

소조활동은 어떤
게 있나요?
짜잔!

ENGLISH
中國語
외국어
수학
음악
컴퓨터
물리 화학
미술
체육
소조활동

다양하죠?
영어, 수학 등을 배우는
교과 관련 소조도 있고,
음악, 미술 등을 배우는
예체능 관련 소조도 있어요.

참, 놀란 게 있는데,
북한에서는 평소 점심시간에
집에 가서 밥을 먹는다고 해요.

맞아!
그래서 점심시간이
1시간 30분이래.
와, 난 그럼
5분만에 밥 먹고
한숨 자야지!
역시...
ㅋ

헤
헤
학교에 밥 먹으러 오는 애

북한에서는 친구를
'동무'라고 불러요.
'동무'는 순우리말이에요.

너희가 모두 나의 동무지.
나은 동무, 유민 동무,
영호 동무~.
좀 더 잘 살려야지.
아영 동무, 연습
좀 더 하시라요!
잘한다!

아, 특별히 친한 동무는
'소꿉동무'나
'딱친구'라고 부른대요.

그럼 유민이가 내 딱친구네!
누구세여?
또 장난친다.
다 찍힌다고.
싸
늘

★ 정답은 59쪽에 있습니다.

초급중학교

남한의 중고등학교와 북한의 중고등학교는 어떻게 다를까요? 우선 북한에는 고등학교가 따로 없어요. 처음 교육 제도를 만들 때는 중학교 과정과 고등학교 과정을 합쳐서 '고등중학교'라고 불렀지만, 2012년부터는 '초급중학교'와 '고급중학교'로 나누었어요. 초급중학교는 중학교, 고급중학교는 고등학교와 비슷한 개념이랍니다. 하지만 초급중학교와 고급중학교는 대부분 한 학교에서 교육이 이루어지기 때문에 북한에서는 이 둘을 합쳐서 중학교라고 부르기도 합니다.

초급중학교 3년, 고급중학교 3년을 합치면 6년이니까 교육 기간은 남한의 중학교와 고등학교를 합친 기간과 똑같아요. 하지만 학생들이 소학교에서 교육을 받는 기간은 우리의 초등학교와 달라요. 4년제였다가 최근 5년제로 바뀌긴 했지만, 그래도 초등학교보다 1년이 짧지요. 북한 학생들이 1년 빨리 중학교에 입학하는 셈이에요. 중학교를 졸업하고 사회로 진출하는 시기도 1년이 빠르고요. 여러분 생각은 어떤가요? 지겨운 학교생활을 일찍 마칠 수 있어서 좋을 수도, 이른 나이에 사회생활을 시작하는 게 부담스러울 수도 있겠지요?

북한에도 흔히 말하는 명문 중학교가 있어요. 각 도마다 수재들만 입학하는 학교가 있는데, 그중에서도 평양 제1중학교가 가장 유명해요. 김정일 국방위원장이 나온 학교로도 널리 알려져 있지요. 그런 만큼 시설이 훌륭하고 교원들의 수준도 매우 높다고 합니다. 10층짜리 건물에 각종 실습실과 목욕탕, 이발실, 기숙사, 수중 스포츠를 할 수 있는 수영장 등이 갖추어져 있답니다. 졸업생들은 대부분 대학으로 진학한다고 하니 북한 학생들의 엘리트 코스라고 할 수 있습니다.

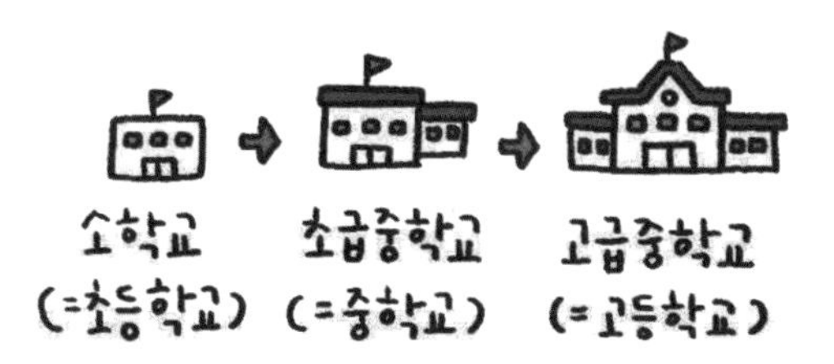

직통생

뜻 군대나 직장을 거치지 않고 곧장 대학에 입학한 학생

북한 학생들은 고급중학교를 마치면 세 가지 길 중에 하나를 선택해야 합니다. 대학 진학, 군 입대, 그리고 직장 생활을 하는 건데요, 여러분이라면 셋 중에 어느 길을 고를 것 같은가요?

북한에서는 고급중학교를 마치고 바로 대학에 진학하는 학생을 '직통생'이라고 부릅니다. 대학에 진학하려면 당연히 공부를 잘해야 하는데, 보통 잘해서는 꿈도 꾸기 힘듭니다. 고급중학교 졸업생 중에서 5~10퍼센트 정도만 직통생이 된다고 하니까요. 북한에도 대학 수학 능력 시험과 비슷한 시험이 있어요. 각 지역별로 예비 시험을 치른 다음 거기서 뽑힌 학생들이 다시 대학에 가서 본시험을 봅니다.

본시험은 필기시험과 체력 시험, 면접으로 이루어지는데, 필기시험을 사흘 동안 본다고 해요. 가장 중요한 과목은 수학이고요.

북한에는 재수생이 없어요. 입학시험에 떨어진 학생들은 무조건 군대나 직장에 들어가야 합니다. 군대에 가기 싫으면 안 가도 괜찮아요. 북한에서 군대는 의무 사항이 아니거든요. 그래도 많은 학생들이 군대를 선택한다고 해요. 군대를 다녀오면 사회생활을 할 때 혜택이 많이 주어지기 때문이지요.

대학에 들어갈 수 있는 방법이 하나 더 있습니다. 군대나 직장에서 2~4년 정도 열심히 근무한 다음, 소속 기관의 추천을 받으면 다시 입학시험을 볼 수 있다고 해요. 직통생보다 늦긴 하지만 대학에 꼭 가고 싶으면 길이 없지는 않은 셈이지요.

북한 학교에서도 조회를 합니다. 수업 시작 전에 하는 조회는 조회 또는 아침 모임이라고도 부릅니다. 조회 때는 담임 선생님인 '담임교원'이 그날 일정과 할 일을 알려 주는 전달 사항 시간도 있고 독보회 시간도 있습니다. 독보회는 북한의 혁명 역사나 신문에 실린 정치 사설을 읽는 시간입니다. 5분에서 10분 정도 걸린다고 해요.

학교에서 가장 중요한 건 수업 시간이겠죠? 북한 학교에서는 수업을 '상학', 수업 시간을 '상학 시간'이라고 합니다. 상학 시간에 북한 학생들은 어떤 과목을 배울까요? 교과목은 우리와 비슷해요. 컴퓨터도 배우고 영어 같은 외국어도 배우거든요. 북한은 러시아와 가까우니 영어 대신 러시아어를 배울 것 같죠? 물론 러시아어도 배우지만 영어 수업이 훨씬 많다고 합니다. 영어는 세계 공용어라서 북한도 그 흐름을 따라가지 않을 수 없기 때문이랍니다. 북한에는 '혁명력사'라는 과목도 있습니다. 김일성 가문의 혁명 역사와 북한 체제의 우월성을 강조하는 교육입니다. 다른 과목 성적이 우수해도 혁명력사 과목 성적이 안 좋으면 대학 들어가기가 힘들답니다.

북한 중학교는 보통 하루 6교시로 이루어져 있어요. 상학 시간은 45분이고, 쉬는 시간은 10분입니다. 쉬는 시간에는 우리처럼 화장실도 가고 운동장에 나가 놀기도 합니다. 배우는 시간은 남한 학생들과 비슷한 셈입니다.

북한에서도 학교의 총책임자를 교장이라고 불러요. 교감은 '부교장'이라고 부릅니다. 부교장은 교사들이 수업을 잘하도록 이끌고 지도하기도 하지만 사상 교육이나 당에서 내려보낸 사업들을 맡아서 하기도 합니다. 교무 부장에 해당하는 선생님은 북한에서 '교무 지도원'이라고 합니다. 그리고 각 부서에 해당하는 분과가 있는데, 분과를 대표하는 선생님은 '분과장'이라고 합니다. 분과는 사회 분과, 자연 분과, 외국어 분과 등 교과별로 나누어지기도 하고 1학년 분과, 2학년 분과처럼 학년별로도 나누어집니다. 학급을 맡아서 지도하는 교사를 담임이라고 하는 건 우리와 마찬가지고요.

북한에서는 교사나 선생님이라는 말도 쓰지만 '교원'이라는 말을 더 많이 씁니다. 학생이 교사를 부를 때는 선생님이라고 하지만 일반 사람들이 교사를 가리킬 때에는 교원이라고 하지요. "너희 학급 담임 교원은 어떤 분이니?" 하는 식으로요.

북한에서는 특별한 일이 없으면 입학 때 만난 담임교원이 졸업 때까지 바뀌지 않습니다. 교원 입장에서는 오랫동안 함께 생활하니까 학생들의 성격이나 집안 사정 등을 잘 알 수 있어 지도하기에 편한 점도 있겠지요? 학급 학생들과 친밀감도 높아질 테고요. 하지만 학생 입장에서는 해마다 담임이 바뀌면 각기 다른 선생님들과 함께 생활하며 다양한 경험을 쌓을 수 있을 것입니다. 어느 편이 좋다 나쁘다를 따지기는 어려울 것 같습니다.

북한 학교에는 담임교원 말고 소년단이나 청년동맹을 이끌고 지도하는 교원들도 있는데, 이 교원들은 수업을 맡지 않습니다.

수업을 빼먹거나 학교 가는 길에 옆길로 빠져 본 적이 있나요? 규칙을 어기면 두렵거나 걱정스럽기도 하지만 일탈이 주는 묘한 쾌감을 느낄 수도 있을 겁니다. 그렇다고 해서 마음 내키는 대로 수업을 빼먹으면 곤란해요. 잘못을 저지르면 반드시 그에 따른 책임을 져야 하니까요.

수업 빼먹는 걸 속된 말로 '땡땡이친다'고 하지요? 같은 경우, 북한에서는 '뚜꺼먹다'라는 말을 씁니다. 학생들끼리 은어처럼 쓰는 말이라고 하는데, 원래 이 말은 북쪽 지역 방언으로 '떼어먹다'라는 뜻이었다고 합니다. "당신은 왜 내 돈을 뚜꺼먹고 갚지 않는 거요?"

처럼 쓰였던 거죠. 지금도 북한에서는 이런 의미로 '뚜꺼먹다'라는 말을 쓰기도 합니다. 이 말을 학생들은 수업을 떼어먹는다는 뜻으로 쓰는 셈이지요. 학생들의 응용력이 발휘된 표현이겠죠?

만일 수업을 땡땡이친 남한 학생과 상학을 뚜꺼먹은 북한 학생이 만나면 어떤 대화를 나눌까요? 서로 학교 밖에서 무얼 하고 놀았는지 무용담을 주고받을 수도 있고, 누가 수업을 더 많이 빼먹었는지를 두고 말씨름을 할 수도 있겠지요. 어떤 경우가 되었건 서로 동질감을 느끼면서 대화를 이어 갈 수 있지 않을까요?

공부를 잘해서 좋은 성적을 받으면 좋겠지만 그게 참 어려운 일입니다. 북한 학생들이라고 해서 다르지 않아요. 북한 학교에서는 성적이 좋은 학생은 우등생, 행동이 바른 학생은 모범생이라고 부릅니다. 북한에서는 모범이라는 말을 참 많이 써요. 모범 학생은 물론 '모범 교원', '모범 전투원', '모범 로동자'처럼 각 방면에서 뛰어난 사람을 치켜세울 때 '모범'을 앞에 붙이곤 합니다.

그런데 북한 학교에서만 들을 수 있는 독특한 표현 가운데 '락후생'이라는 말이 있습니다. 『조선말대사전』에서는 '주로 학과 성적이 보통 수준보다 뒤떨어진 학생'이라고 풀이하고 있습니다. 북한 사전에는 락후생이 성적이 낮은 학생들을 가리키는 말로만 풀이되어 있지만 실제로 학교 안에서는 지각을 자주 하거나 교원의 말을 안 따르는 학생들을 가리킬 때도 쓰인다고 합니다. 락후생이 많이 몰려 있거나 무질서한 학급을 '락후한 학급'이라고 표현하기도 하고요.

낙후생 대신 락후생이라고 쓰는 건 남한에서는 한자어 단어 맨 앞에 'ㄹ'이나 'ㄴ'이 오는 걸 꺼리지만 북한에서는 그대로 쓰기 때문입니다. 이런 이유로 노동자를 '로동자', 노인을 '로인'으로 표기합니다. 우리는 '낙후하다'라는 말을 문화나 기술, 생활이 뒤떨어져서 낡았을 때 쓰고 사람에게는 잘 안 쓰는데, 북한에서는 사람에게도 쓴다는 것도 다른 점입니다.

락제국을 먹다

남 낙제를 하다,
미역국을 먹다

북한에서는 낙제생을 '락제생'이라고 불러요. 정해진 기준보다 시험 성적이 낮은 학생을 가리키는 말입니다.

북한 학생들은 학기말 고사와 학년말 고사를 치러야 합니다. 남한 학생들은 중간고사와 기말고사를 일 년에 두 번씩 보는데 북한은 조금 다른 것 같습니다. 성적을 내는 방식도 달라서, 북한에서는 과목당 5점이 만점입니다. 5점은 최우등, 4점은 우등, 3점은 보통, 2점 이하는 '락제'라고 합니다. 이런 방식으로 점수를 매기다 보니, 동점자가 많이 나올 수밖에 없지요. 등수를 내는 것도 힘들어 점수에 따라 최우등 학생, 우등 학생 등으로 나눕니다. 락제생은 2점 이하의 최하

점 점수를 받은 학생을 가리키는 말이에요. 락후생이 성적이 낮은 학생을 뭉뚱그려서 가리키는 말이라면, 락제생은 락제점을 받은 학생을 가리키는 말이지요.

북한에서는 락제를 했을 때 "락제국을 먹었다."라고 말하기도 해요. "미역국을 먹었다."라는 말과 비슷하죠? 북한에서도 시험에 떨어졌을 때 "미역국을 먹었다."라는 표현을 사용한다고 합니다. 여러분도 미역국이나 락제국 같은 건 먹고 싶지 않을 거예요. 그렇죠?

학급장

학기 초가 되면 각 학급에서 학급회장을 뽑습니다. 예전에는 반장이라는 말로 부르기도 했지만, 지금은 대부분의 학교에서 반장 대신 학급회장이라는 말을 사용합니다. 반장이 반을 대표하는 학생이라는 의미가 강하다면 학급회장은 학급회를 이끌어 가는 학생이라는 의미에 무게를 두고 있습니다. 즉 학급회장은 학급 회의를 통해 모아진 학급 구성원들의 의사를 반영하는 대표자 역할을 해야 한다는 의미죠. 그러므로 학급회장은 신중하게 뽑아야 해요. 친한 친구에게 표를 줄 게 아니라 학급을 대표할 만한 친구에게 표를 주어야겠죠. 북한 학교에서는 학급회장을 '학급장'이라 불러요. 학급장이 하는 일도 학급회장이 하는 일과 큰 차이가 없습니다. 담임교원을 도와서 학급을 이끌어 가는 역할을 해요.

북한 학교에서는 어떤 식으로 학급장을 뽑을까요? 우리는 대개 투표 과정을 거쳐 학급회장을 뽑지만 북한 학교에서는 담임교원이 학급장을 임명합니다. 경우에 따라 반 학생들에게 추천을 받기도 하지만 임명 권한은 담임교원에게 있습니다.

북한 학생들 중에도 학급장을 하고 싶어 하는 친구들이 있겠지요? 그렇다면 평소 담임교원에게 신임을 얻을 만한 행동을 많이 해야 할 겁니다. 공부를 못 하거나 상학 시간을 뚜꺼먹는 행동을 하는 친구를 학급장으로 임명할 담임교원은 없을 테니까요.

학급회장이나 학급장을 맡게 되면 그만큼 책임감을 느껴야 하고, 평소 학급 생활에서 솔선수범하는 자세를 길러야 한다는 걸 잊지 마세요.

소조활동

뜻 동아리 활동,
방과 후 활동

학교에서 오로지 교과 수업만 하면 답답하지 않을까요? 체육, 미술, 음악처럼 활동적인 과목도 있긴 하지만, 자유롭게 자신이 하고 싶고 배우고 싶은 걸 익히는 시간이 있다면 더욱 좋을 거예요. 그래서 생긴 게 동아리 활동입니다.

북한 학생들은 방과 후에 자신의 특기와 취향에 맞는 활동을 하는데, 그걸 소조활동이라고 합니다. 영어나 수학 등 교과별로 심화 학습을 하는 소조도 있고, 예체능과 관련된 소조도 있습니다. 동아리 활동이나 방과 후 수업과 비슷하지요? 북한 교육 당국은 특히 예술 소조를 강조해서, 누구나 악기 하나씩은 다룰 수 있게 한다는군요.

인기 소조는 들어가려는 학생이 많아 경쟁이 치열하고, 들어가려면 담임교원의 추천도 필요합니다. 담임교원이 학생의 특성과 능력을 파악해서 학생의 재능에 잘 맞는 소조를 추천해 주기도 합니다.

소조활동에서 능력이 유독 뛰어난 학생도 있을 수 있습니다. 그런 학생들은 교원의 추천을 받아 특수 학교로 진학하기도 합니다. 일종의 영재 교육 기관인데, 북한에서는 영재 교육이라는 말 대신 '수재교육'이라는 말을 씁니다. 북한의 예술단이나 교예단에 속한 학생들은 대체로 수재교육 과정을 거쳤습니다.

소조활동은 학교 안에서도 하지만 학교 밖에 있는 '학생소년궁전' 같은 곳을 이용하는 경우도 많습니다. 소년궁전은 청소년들의 방과 후 활동을 위한 교육 기관이에요. 소년을 왕처럼 모시는 곳이라는 의미로 궁전이라고 이름 붙였다고 합니다.

총화

뜻 생활, 학습, 사업 태도 등을 분석하고 경험과 교훈을 찾는 것

북한은 비판을 굉장히 강조하는 사회입니다. 학교에서는 주로 총화 시간에 비판을 한답니다. 총화는 일종의 평가회로, 학교생활의 상태나 품행 그리고 근로 지원 사업 실적 등의 결과를 분석하고 마무리하며 생활에 도움이 될 경험과 교훈을 찾기 위해 열립니다.

학생들의 생활총화는 주로 토요일에 열립니다. 일주일 동안 있었던 학교생활을 돌아보고 잘못된 점을 서로 지적해서 고쳐 가자는 취지입니다. 총화 시간은 누가 수업 태도가 나빴다든지, 누가 서로 다투었다든지 등을 서로 지적하고, 해당 학생이 일어나서 자아비판을 하는 방식으로 진행됩니다. 학급장이 문제 행동을 한 학생들을 기록했다가 발표하기도 하고요. 상당히 불쾌한 시간으로 여겨질 수도 있겠지만 북한 사람들에게는 총화 시간이 일상이어서 다들 으레 그러려니 한답니다.

학생뿐만 아니라 북한의 모든 주민이 생활총화를 하고 있습니다. 직장에서도 일과를 마치면 당연히 총화 시간을 갖게 돼 있거든요. 일일 총화, 주간 총화, 월간 총화 심지어 연간 총화도 있습니다. 사업이 끝나면 사업 총화를 하기도 하고요. 기존의 활동을 점검하고 새로운 다짐을 하는 시간입니다.

비판서

학교생활을 하다 보면 교칙을 어기거나 잘못을 저지르게 되기도 합니다. 그럴 때 선생님들은 잘못을 지적하면서 타이르거나 때로는 벌을 줍니다. 가장 흔한 벌은 교실 뒤로 나가서 서 있거나 청소를 하는 정도일 텐데, 반성문을 써 본 친구들도 있을 겁니다.

북한 학교에서도 학생이 잘못을 저지르면 그에 따른 벌이 주어집니다. 교실 바닥에 꿇어앉거나 운동장을 뛰는 등의 벌이라고 해요. 원칙적으로는 체벌을 금지하고 있지만 잘 지켜지지는 않는다고 합니다. 북한에서도 자신의 잘못을 깨닫게 하기 위해 학생에게 반성문을 쓰게 하는 경우가 있답니다. 북한에는 반성문이라는 말이 없고 대신 '비판서' 혹은 '자아비판서'라는 말을 사용합니다.

비판에는 자아비판과 호상비판이 있습니다. 호상비판은 서로 상대방의 잘못을 지적하는 겁니다. 상호 비판과 같은 말인데, 북한에서는 상호라는 말 대신 호상이라는 말을 씁니다. 상호는 일본식 표현에 가깝고 호상은 중국식 표현에 가깝다는 특징이 있습니다. 자아비판은 스스로 자신의 잘못을 고백하는 것입니다.

북한에서는 학교뿐만 아니라 직장에서도 남에게 잘못을 지적받으면 비판서를 써야 합니다. 비판을 통해 잘못을 뉘우치게 함으로써 사회주의 체제에 맞는 인간을 길러 내려는 것입니다.

모서리주기

남 집단 따돌림, 왕따

여럿이 한 사람을 따돌리는 왕따 현상이 사회 문제가 된 지 꽤 됐습니다. 특히 교실에서 일어나는 왕따는 심각한 교육 문제라고 해서 교육 전문가들이 이런저런 처방을 내놓기도 했습니다. 집단 상담을 통해 왕따를 해결해 보려는 노력도 있었고요.

북한 학교에서도 친구들끼리 한 학생을 따돌리는 일이 있을까요? 없는 건 아니지만 그리 많지는 않다고 해요. 학급별로 단체 활동을 하는 시간이 많은 데다 소년단 활동을 함께 하기 때문입니다. 소년단은 소학교와 초급중학교 학생이라면 모두 가입해야 합니다. 북한이 강조하는 혁명 정신을 실천하기 위한 단체이지요.

북한에는 왕따라는 말은 없지만 비슷한 표현으로 '모서리주기'가 있습니다. 모서리주기는 원래 선생님이 학생에게 주는 일종의 벌칙입니다. 말 그대로 한 학생을 친구들과 떨어진 교실 모서리에 세워 놓는 거죠. 그런데 벌을 받은 친구를 몰래 괴롭히는 일도 종종 있다고 합니다. 모서리주기를 당한 아이라고 놀리거나 따돌리는 일도 벌어지고요.

또 다른 이유로 모서리주기를 당할 때도 있어요. 북한 학생들은 학교에 내야 하는 게 많습니다. 북한 경제 상황이 어려워지면서 학생들에게 종이나 폐품, 난방용 땔감 같은 것을 학교로 가져오게 하는데, 당연히 못 가져오는 친구들도 있을 겁니다. 그러면 학급의 목표 달성량을 떨어뜨렸다는 이유로 모서리주기를 당하는 경우도 있다고 합니다.

학생이 잘못을 저질렀을 때 받게 되는 가장 커다란 벌이 퇴학입니다. 우리나라는 중학교까지는 의무 교육이라 퇴학이 없습니다. 북한 학교에서는 퇴학 혹은 '출학'이라는 말을 씁니다.

앞에서 살핀 것처럼 학생이 가벼운 잘못을 저지르면 담임교원에게 벌을 받거나 비판서를 써내야 합니다. 총화 시간에 비판을 받기도 하고요. 하지만 그 정도로 끝낼 수 없는 큰 잘못을 저지르면 어떻게 될까요? 가령 친구를 때려 그 친구가 심하게 다쳤다든지, 절도와 같은 범죄를 저질렀다면요? 학교 안에서 내리는 처벌로는 부족하거나 가벼운 처벌로는 문제가 해결되지 않는다면 다른 방법을 찾아야겠죠? 북한에서는 큰 잘못을 저지른 학생들을 지역 단위에서 한꺼번에 모아 '교양 사업'이라는 이름으로 사상 교육과 도덕 교육을 시키기도 한답니다. 너무 큰 잘못을 저질렀거나 교양 사업을 통해서도 개선되지 않으면 출학 처분을 내립니다.

북한에도 학교 폭력이 있고, 몰래 술을 마시거나 담배를 피우는 학생들도 있습니다. 이웃 학교 학생들과 싸움을 하거나 여러 명이 한 명에게 '모두매'를 놓는 일도 있고요. 모두매는 모두 달려들어 매를 때린다는 뜻입니다. 어떤 이유든 모두매를 놓는 일은 절대로 없어야겠죠?

직장에서 잘못을 저지른 사람을 해고하거나 그 신분을 정지시키는 일도 있습니다. 이를 '철직'이라고 합니다. 직장이나 직책에서 철수시킨다는 말로 이해할 수 있지요.

북한에서는 소풍을 '원족(遠足)'이라고 합니다. 한자의 뜻을 그대로 풀면 '멀리 걸어간다'는 말입니다. 일제 강점기 때부터 쓰이던 말인데, 북한에서는 지금까지도 그대로 쓰이고 있습니다. 4월이나 5월이 되면, 북한 학생들은 학교 근처에 있는 동산으로 걸어서 원족을 떠납니다. 평양 같은 도시의 학생들은 놀이공원이나 동물원 같은 곳을 찾아가기도 하고요. 원족 대신 들놀이, 야유회, 등산 같은 말이 쓰이기도 합니다.

원족을 가면 학급별로 다양한 놀이나 장기 자랑 같은 걸 하면서 즐깁니다. 닭싸움이나 수건돌리기, 보물찾기 등을 한 다음 점심을 먹고, 오후에는 함께 모여서 악기 연주에 맞춰 춤을 추고 노래를 한다고 해요. 우리도 예전에는 북한의 원족과 같은 형태로 소풍을 다녀왔지만 요즘은 놀이동산을 찾거나 현장 체험 학습이라는 이름으로 고적 답사나 견학을 다녀오는 경우가 많습니다.

수업 대신 학교 밖으로 나가서 놀다 오는 재미도 재미지만 야외에서 도시락을 먹는 즐거움이야말로 원족의 가장 큰 즐거움일 겁니다. 도시락 하면 김밥을 빼놓을 수 없고요. 북한 학생들은 평소 점심을 집에 가서 먹고 옵니다. 그래서 점심시간이 1시간 30분 정도로 길고, 원족을 가는 날에만 도시락을 싼다고 해요. 보통 밥에다 반찬을 싸 가는데, 최근에는 김밥을 싸 오는 친구들이 늘고 있다고 합니다.

도시락은 북한 말로 '곽밥'이지만, 북한 학생들은 곽밥이라는 말보다 '벤또'라는 말을 더 많이 씁니다. 아직 버리지 못한 일본 말이 북한에도 남아 있다는 걸 알 수 있습니다.

북한 학교에서도 학생들이 청소 당번이 되어 몇 명씩 돌아가며 청소를 합니다. 그런데 청소하는 방법이 남한 학교와 많이 다르다고 해요. 교실을 청소하려면 톱밥이 필요하다고 하니까요.

웬 톱밥이냐고요? 북한 교실은 바닥이 마루로 되어 있습니다. 그래서 청소 방법이 좀 다르지요. 마룻바닥에 톱밥을 뿌리고 물을 부어 적신 다음 젖은 톱밥을 밀고 다니면서 청소를 한다고 합니다. 마루에 있던 쓰레기와 먼지가 젖은 톱밥에 달라붙는 원리를 이용한 청소 방법이죠. 젖은 톱밥으로 교실 바닥을 문지른 다음 먼지와 오물을 흡수한 톱밥을 빗자루로 쓸어 담고, 마른걸레로 물기를 닦아 내면 청소가 끝납니다.

그렇다면 교실마다 늘 톱밥이 준비되어 있어야겠죠? 매일 청소를 해야 하니까요. 학교에 시설물을 수리하고 교구를 제작하는 목공소가 있으면 거기서 나오는 톱밥을 이용하면 됩니다. 목공소가 없는 경우에는 동네에 있는 목재소나 목공소에 가서 톱밥을 얻어 와야 합니다. 톱밥을 구해 오는 건 물론 학생들 일이에요. 교실 뒤에는 톱밥을 담아 두는 커다란 통이 있습니다. 북한 학생들 중에도 장난꾸러기들이 있어서 친구 가방이나 소지품을 몰래 톱밥 통 안에 숨겨 놓는 일이 있다고 합니다. 그래서 학생들은 자기 물건이 없어지면 제일 먼저 톱밥 통으로 가서 뒤져 본다고 해요.

북한 학급에는 청소 담당 '위생 위원'이 있습니다. 위생 위원을 맡은 학생이 청소 검사를 한 다음 담임교원에게 보고하고, 담임교원의 최종 검사가 끝나면 청소 당번들은 집으로 돌아갑니다.

정성 사업

뜻 최고 지도자의 어록이나 사진 등을 관리하는 일

교실 앞 칠판 위에 무엇이 걸려 있나요? 아마 가운데에는 태극기가 있고 양옆으로는 교훈과 급훈이 걸려 있는 곳이 많을 겁니다. 남한에 있는 대부분의 학교 교실이 비슷한 모습일 거예요. 북한의 교실은 어떤 모습일까요? 정면 가운데에 칠판이 걸려 있는 건 우리와 같지만 칠판 위 중앙에는 김일성 주석과 김정일 국방위원장의 초상화가 나란히 걸려 있습니다. 교훈과 급훈은 따로 없고요. 교실 옆이나 뒤 벽면에는 김일성 주석과 김정일 국방위원장이 한 말을 적어서 게시해 놓기도 합니다. 이런 사진과 게시물은 함부로 다루거나 훼손하면 안 됩니다. 늘 정성스럽게 다루고 먼지 하나 없이 깨끗이 닦아 두어야만 합니다. 이렇게 김일성 주석과 김정일 국방위원장의 사진이 나 어록을 담은 게시물을 관리하는 일을 '정성 사업'이라고 합니다.

아침에 교실에 와서 가장 먼저 하는 게 정성 사업입니다. 당번이 정해져 있는데, 때로는 담임교원이 직접 하기도 합니다. 잘못되면 담임교원이 문책을 당하니 신경을 쓰는 것이지요. 정성 사업을 하기 위한 청소 도구는 따로 관리해야 합니다. 교실 청소를 하던 걸레로 사진을 닦는 건 상상할 수도 없는 일이거든요.

정성 사업용 걸레와 먼지떨이 등을 담아 두는 상자를 '정성함'이라고 합니다. 정성함은 학교와 사무실, 가정 등 어디에나 항상 비치되어 있어야 합니다. 김일성 주석과 김정일 국방위원장의 초상화는 사람들이 활동하는 모든 곳에 걸려 있으니까요. 가정에서는 정성함을 예쁘게 꾸미고 걸레도 비단 같은 좋은 천으로 만들어서 남들에게 자랑하기도 한답니다.

북한 학교는 4월 1일에 새 학년을 시작합니다. 우리보다 한 달 늦게 시작하는 셈이죠. 입학식 날이면 교문에서 운동장으로 이어지는 길목에 색색 테이프가 길게 쳐집니다. 가슴에 꽃을 단 입학생들이 테이프를 가르면서 학교로 들어서죠. 학생들은 긴장과 설렘을 안고 운동장에서 입학식을 마친 뒤 김일성 주석의 동상이나 사진이 있는 곳으로 가서 단체로 참배를 합니다. 그런 다음 교실로 들어가서 본격적인 학교생활을 시작합니다.

입학이 4월이기 때문에 졸업식은 3월 말에 합니다. 우리는 1월이나 2월에 졸업식을 하기 때문에 졸업식을 하는 날은 대개 춥지만, 북한은 따뜻한 봄날에 졸업식을 하니 우리와 느낌이 다를 겁니다.

소학교 졸업식은 특별한 게 없습니다. 대부분 같은 초급중학교로 입학을 하니까 친구들과 헤어지는 일도 없지요. 하지만 고급중학교를 졸업하면 각자 상황에 따라 대학, 군대, 직장으로 흩어지기 때문에 아쉬운 작별을 해야 합니다. 그래서 친한 친구들끼리는 졸업식을 마친 다음 함께 모여서 밤새 놀며 이별의 정을 나누기도 한답니다.

졸업식을 할 때 북한에서는 졸업장 대신 '졸업증'을 받습니다. 졸업증 왼쪽에는 졸업을 증명한다는 내용이, 오른쪽에는 그동안 학교에서 배운 과목의 성적이 적혀 있습니다. 졸업장과 성적표를 함께 받는 셈이지요. 졸업 앨범 대신 교사와 학생들이 함께 찍은 졸업 사진을 받습니다. 입학식이나 졸업식 때는 부모님과 가족이 와서 축하해주고 학교에서 기념사진을 찍습니다. 우리와 비슷한 풍경입니다.

딱친구

북한에서 많이 쓰는 말 중에 '동무'라는 말이 있지요? 우리에겐 조금 어색하게 느껴지기도 하지만 사실 동무는 참 좋은 말입니다. 한자말인 친구(親舊)를 뜻하는 순우리말이거든요. 북한에서 동무라는 말을 많이 써서인지, 남한에서는 동무라는 말을 버리고 친구라는 말을 더 많이 쓰게 되었습니다. 오랜 옛날부터 쓰던 다정한 말이 분단으로 인해 우리 곁에서 사라진 건 안타까운 일입니다. 그래도 어깨동무, 길동무 같은 말들은 여전히 쓰이고 있어 다행입니다.

어릴 적부터 친하게 지낸 동무를 소꿉친구나 소꿉동무라고 합니다. 북한 사전에는 소꿉동무에 해당하는 말로 '송아지동무'를 실어 놓았습니다. 하지만 실생활에서는 많이 쓰이지 않는다고 합니다. 함경도 지방에서는 '짜개바지 동무'라는 말도 쓰이고 있습니다. 짜개바지는 밑이 터진 반바지로, 기저귀를 막 뗐을 때 입는 옷입니다.

친구 중에서도 늘 같이 어울려 다니는 가까운 친구가 있습니다. 흔히 단짝이라는 말로 표현하고, 짝지라고도 하지요. 북한에서는 단짝을 '딱친구' 또는 '단패짝'이라고 합니다.

청소년 시절, 친구는 매우 중요한 존재입니다. 부모님이나 선생님에게는 털어놓을 수 없는 고민을 친구에게는 스스럼없이 이야기할 수 있으니까요. 친구들끼리 나눈 우정은 무엇으로도 바꿀 수 없는 소중한 것이고, 자신을 성장시키는 밑거름이 되기도 합니다. 훗날 북한의 또래와 딱친구를 맺는 상상을 해 보는 것도 재미있지 않을까 싶습니다.

잠깐 북한 친구들이 교실에서 나누는 대화를 상상해 볼까요?

"내 필갑이 없어졌댔는데, 누구래 본 사람 없니?"

"뉘긴지 몰라도 톱밥 통에 감췄을 수도 있으니까니 거 가서 찾아 보라야."

"아, 정말 여기 있구나야. 누구래 또 장난을 쳤구만. 그런데 필갑 안에 있던 원주필이 왜 안 보이는 기니?"

"그래도 수지연필은 그대로 있구나야."

북한 학생들이 사용하는 학용품 이름이 조금 낯설지요? 같은 물건이지만 이름이 달라 무엇을 뜻하는지 알 수 없는 경우도 있답니다. '필갑'은 필통, '원주필'은 볼펜, '수지연필'은 샤프를 뜻하는 말입니다. 이 밖에도 서로 다르게 쓰는 말이 있습니다.

북 그림분필	남 파스텔	북 조색판, 갤판	남 팔레트
북 빨락종이	남 셀로판지	북 도화책	남 스케치북
북 채눈종이	남 모눈종이	북 붙임띠	남 스카치테이프

공책은 보통 '학습장'이라고 하는데, 노트라는 말도 함께 씁니다. 최근 북한에서는 외래어를 쓰는 비율이 늘어나는 추세라고 해요.

꿀꿀이 문제집

뜻 대학 입시 수학 기출문제집

"내 꿀꿀이 문제집 줘, 가정교사하러 가야 해."

"아직 못 베꼈는데, 일단 돌려줄게. 내일 또 빌려줘."

북한 친구들도 학교 공부 외에 따로 개인 과외 공부를 하기도 합니다. 과외 공부라는 말 대신 "가정교사한다."라고 표현하고요. '꿀꿀이 문제집'은 대학 입시 수학 기출문제집이라고 생각하면 됩니다. 장마당에서 파는데, 표지에 돼지가 그려져 있어서 꿀꿀이 문제집이라고 불린답니다.

그렇다면 북한 고급중학교 3학년 학생들은 어떤 과목을 공부할까요? 우리와 비슷한 과목도 있지만 다른 과목도 많답니다.

혁명력사, 당 정책, 사회주의 도덕과 법, 심리와 론리, 국어 문학, 한문, 영어, 력사, 지리, 수학, 물리, 화학, 생물, 정보기술, 기초 기술, 공업(농업) 기초, 군사 활동 초보, 체육, 예술…….

특이한 과목 이름이 많죠? 북한 체제의 특성이 반영된 교과들입니다. 남한의 고 3과는 달라도 너무 다르다는 걸 알 수 있습니다. 우선 군사 관련 과목과 '혁명력사'라는 이름의 과목이 눈에 띕니다. 우리도 예전에는 군사 활동으로 '교련'이라는 수업을 했습니다. 다음으로 공업 기초, 기초 기술, 정보기술 등 공업과 기술 관련 과목이 많습니다. 그만큼 북한이 자립 경제를 중요하게 여기고 있다는 사실을 알 수 있습니다.

여러 과목을 배워야 하니, 고급중학교 3학년 학생들은 정말 바쁘겠지요? 그래도 그중 가장 중요한 건 수학이라고 합니다.

남북한 말모이

2부 장마당과 전자상점, 어디로 갈까?

정치와 사회

선생님, 일찍 오셨네요!
왔니, 거기 앉으렴.
화면에 잘 보이게.
엥?
저희도 나와요?

며칠 전
역사 쌤!
저희 부탁이 있어요.
??

다양한 분야의 북한 말을
조사해서 소개하는 영상을
만들고 있는데요,
쌤이 예전에 부전공이
북한학이라고….
어쩌고…
저쩌고…
후훗.
나의 부전공이 드디어
빛을 보는구나.

근데 오늘 주인공은 선생님
아니었어요? 우린 왜….
쌤,
제발 수업만은….

그냥 알려 주면
무~슨 재미니?
후
후
후

정치·사회 분야의 북한 말
퀴즈로 북한 사회의 생생한
모습을 알려 주겠어.
자, 그럼 바로 문제 간다!
지금요?
바로요?

이름을 외치고
정답을 말하기다.

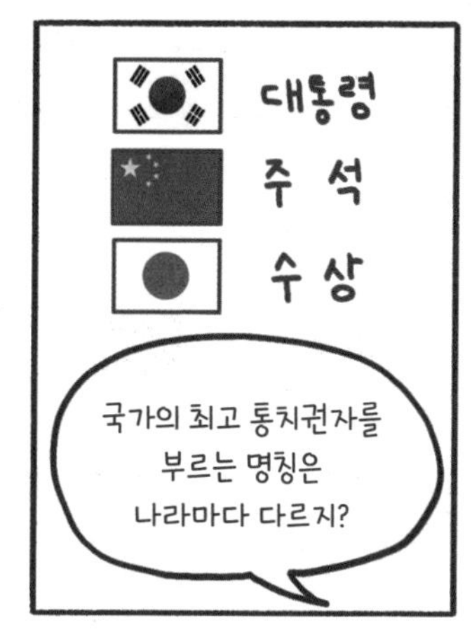
대통령
주 석
수 상
국가의 최고 통치권자를
부르는 명칭은
나라마다 다르지?

그렇다면, 현재 북한의
최고 통치권자를 부르는 명칭은 뭘까?

나은!
국무위원장!
대박
대박

정답!

북
국무위원회
위원장
부위원장
위원들
남
국무 회의
대통령
총리·부총리
각 부 장관
국가의 주요 정책을 의논하는 사람들을 남과 북은 이렇게 달리 부른단다.

자, 다음 문제! 우리나라엔 주민 등록증이 있어. 북한에는 이와 비슷한 '땡땡땡'이 있지, 뭘까?
긴장

유민, 공민증!
네가 알아?!

오호, 유민이 너 제법인데! 정답이다.

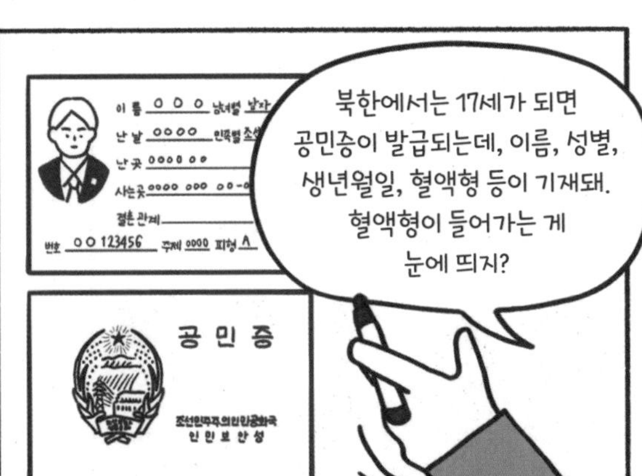
공 민 증
조선민주주의인민공화국
인 민 보 안 성
북한에서는 17세가 되면 공민증이 발급되는데, 이름, 성별, 생년월일, 혈액형 등이 기재돼. 혈액형이 들어가는 게 눈에 띄지?

자, 그럼 다음 문제다.

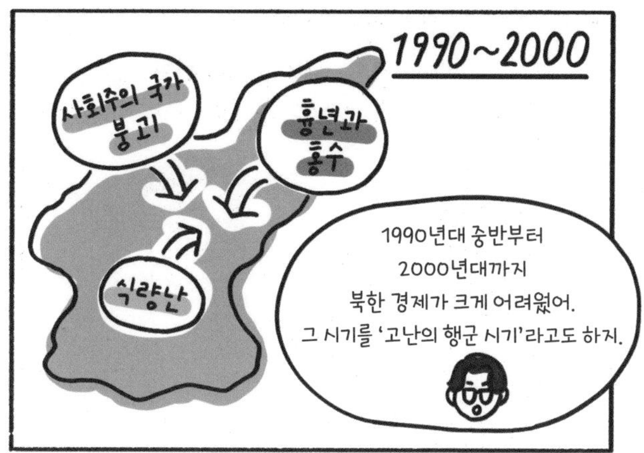
1990~2000
사회주의 국가 붕괴
흉년과 홍수
식량난
1990년대 중반부터 2000년대까지 북한 경제가 크게 어려웠어. 그 시기를 '고난의 행군 시기'라고도 하지.

쌀이나 생필품 보급량이 줄어드니 주민들이 산이나 들에서 채취한 나물이나 집에 있는 물건을 가지고 나와 팔았는데,

이렇게 사람들이 모여서 자연스럽게 시장이 열렸어. 이 시장을 뭐라고 할까?
그 무슨 야당 아냐?

정답! 아니, 나은! 장마당이요.
최고야!

오, 맞아. 너희들 정말 대단한데. 요즘 장마당엔 없는 게 없다고 해.
아쉽다, 쉬웠는데!
그러니까.

시장이 활성화되면 그중에는
장사로 돈을 버는 사람들도 있겠지?
부자

말하자면
신흥 부자들이 생기는 거지.
부자

이런 사람을
뭐라고 부를까?
부자

정적—

너무 어려웠나?
이렇게 갑자기 부자가 된
사람들을 '돈주'라고 해.
진짜 몰랐어.
나두.
처음 들어.

북한은 사회주의 국가이지만
사유 재산의 일부를 인정하면서
부유한 생활을 하는 사람들이
점차 늘고 있어.

오호.
그렇구나.

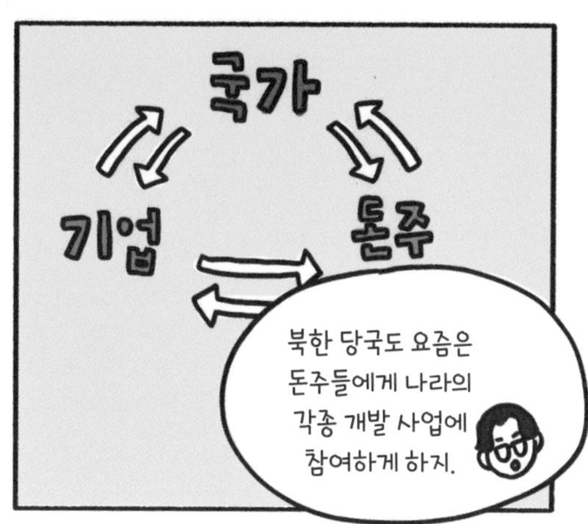
국가
기업
돈주
북한 당국도 요즘은 돈주들에게 나라의 각종 개발 사업에 참여하게 하지.

돈 이야기가 나왔으니까 말인데, 북한에도 신용 카드나 직불 카드가 있어. 다만, 카드 단말기를 갖춘 곳이 드물어서 어디에서나 카드를 쓰기는 힘들다고 해.

하지만 북한은 현재 변화 속도가 아주 빠르기 때문에 단말기가 없단 이야기도 곧 옛말이 될 수 있어. 온라인 쇼핑몰인 '전자상점'도 빠르게 늘어나고 있거든. 혹시 질문 있니?
아, 쌤!

저 질문이요! 근데 오늘 퀴즈 많이 맞힌 사람한테 상품 줘요?

응? 그건 아닌데~. 그냥, 재미있잖니.
속았다!
재미 없어요.

국무위원회

뜻 국무 회의와 비슷한 최고 정책 지도 기관

북한에는 대통령이라는 직책이 없습니다. 우리와는 정치 체제가 달라서입니다. 국가의 최고 지도자를 부르는 명칭은 나라마다 조금씩 차이가 있습니다. 일본은 '수상'이라 부르고, 대만은 '총통'이라는 말을 씁니다. 중국은 '주석'이라는 호칭을 쓰고요. 주석이라는 호칭은 우리나라도 대한민국 임시 정부 시절 사용했는데, 임시 정부를 대표하던 김구 선생님을 김구 주석이라고 부르기도 했답니다. 주석이란 주인이 앉는 자리 정도의 뜻을 담고 있으므로 수상이나 총리, 대통령이나 총통이라는 호칭에 비해 권위적인 느낌이 적은 말이기도 합니다.

북한의 초대 지도자인 김일성도 중국처럼 주석이라는 호칭을 썼습니다. 하지만 김일성에게만 주석이라는 호칭을 붙였습니다. 2대 지도자 김정일은 '국방위원장'이라고 불렀고, 현재 지도자인 김정은은 '국무위원장'이라는 호칭을 쓰고 있지요. 세 사람에 대한 호칭이 모두 다른 셈입니다.

김정은 국무위원장은 2016년 6월 29일 최고인민회의에서 국무위원장으로 추대됐습니다. 그 전에 있던 '국방위원회'를 폐지하고 새로운 기구인 '국무위원회'를 만들어 김정은이 위원장을 맡았습니다. 국방위원회라는 말은 군사 분야를 대표하는 느낌이 강합니다. 김정일 시대에는 선군(先軍) 정치라는 말을 썼습니다. 군부가 앞장서서 국가를 이끌어 가는 체제를 지향한다는 것입니다. 김정은 체제가 들어서면서 국방위원회는 국무위원회로 바뀌었고, 군사 분야와 함께 외교, 경제 등의 분야까지 아우르는 역할을 하게 되었습니다.

북한의 국무위원회는 위원장, 부위원장, 위원으로 구성되는데 우리의 국무 회의와 비슷하다고 볼 수 있습니다. 국무 회의는 대통령이 주관하고 총리와 부총리, 각 부 장관이 참석해서 국가의 중요 정책을 의논해서 결정하는 기구입니다.

북한의 '최고인민회의'는 국회와 비슷한 성격을 지닌 기구입니다. 최고의 입법 기관이면서 남한의 국회보다 더 많은 권한을 가지고 있습니다. 헌법 개정과 각종 법률의 제정 및 개정뿐만 아니라 최고 지도자인 국무위원장과 정부의 주요 인사를 선출하는 기능을 하거든요. 국가 예산 편성권도 지니고 있고요. 하지만 그런 권한을 실질적으로 행사하지는 못한다고 합니다. 실질적인 힘과 권한은 조선로동당에 있어서, 최고인민회의는 조선로동당이 정해서 내려보낸 방침을 만장일치로 통과시키는 역할만 하고 있지요.

최고인민회의는 각 지역에서 선출한 대의원들로 구성됩니다. 임기는 5년입니다. 1948년에 제1기가 구성되었고, 2019년 3월에는 제14기 대의원을 선출했습니다. 형식상으로는 비밀 투표라고 하지만 사실상 공개 투표나 다름없습니다. 선거구별로 1명만 출마할 수 있으며, 찬반 투표로 진행해서 100퍼센트 찬성률이 나오거든요. 투표 참가율도 2019년 제14기 선거에서는 99.99퍼센트에 달했습니다. 병원에 누워 의식이 없는 사람 말고는 모두 참여한 셈입니다. 따라서 최고인민회의 대의원은 실제로 커다란 권한을 지니는 게 아니라 일종의 명예직이라고 할 수 있습니다.

여의도에 국회 의사당이 있다면 평양에는 '만수대 의사당'이 있습니다. 최고인민회의 회의장일 뿐만 아니라 각종 국제회의나 외국 대표단과의 회담 장소로 많이 사용됩니다. 2000년에 김대중 대통령이 방북했을 때도 만수대 의사당에서 김정일 국방위원장과 정상 회담을 했습니다.

남한의 수도인 서울은 특별시로 불립니다. 정부 청사가 옮겨 가 있는 세종시는 특별자치시라고 하고요. 인구가 많은 부산이나 대구, 인천, 광주, 울산 같은 곳은 광역시라고 불립니다. 광역시라고 불리기 전에는 직할시라고 했습니다. 그러니까 부산광역시의 예전 이름은 부산직할시이지요.

남한과 북한은 행정 구역 체계가 다르다 보니 도시를 가리키는 명칭도 다릅니다. 북한에서는 수도를 직할시라고 부르고, 직할시가 아니면서 규모가 큰 도시는 특별시라고 부르거든요. 북한에는 평안남도의 남포특별시와 함경북도의 라선특별시가 있습니다. 남포의 인구는 100만 명이 넘지만 라선시의 인구는 약 20만 정도입니다. 그럼에도 라선이 특별시가 된 건 라진 지구와 선봉 지구를 건설하면서 이곳을 경제특구로 지정했기 때문입니다. 중국, 러시아와 가까이 있어 경제와 무역의 중심지로 떠오른 것이지요. 그러다 보니 라선특별시에는 북한의 신흥 부자들이 많이 살고 자본주의 요소도 많이 들어와 있습니다. 화폐도 달러와 중국의 위안화를 마음대로 사용할 수 있고요. 평양이 북한의 정치 중심지라면 라선은 경제 중심지라고 할 수 있습니다.

남포, 라선시와 함께 북한에서 규모가 큰 도시를 하나 더 꼽자면 개성시가 있습니다. 개성 공단이 들어섰던 개성시는 우리에게도 친숙한 도시입니다. 역사적으로도 유명한 곳이고요. 그렇다면 개성시는 직할시일까요, 특별시일까요? 둘 다 아니랍니다. 개성은 개성특급시라고 불리는데, 특급시라는 명칭이 붙은 도시는 개성이 유일합니다.

대한민국 국민이라면 누구나 만 17세가 되면 주민 등록증을 발급받을 수 있습니다. 북한에도 이와 비슷한 제도가 있어요. 주민 등록증과 비슷한 공민증을 만 17세가 되면 발급받을 수 있답니다.

공민증에는 이름, 성별, 생년월일, 민족별, 출생지, 거주지, 결혼 관계, 혈액형이 적혀 있습니다. '민족별'이라는 항목은 외국인 중에 북한 국적을 얻은 경우도 있어서 생겼다고 합니다. 처음 도입되었을 때의 공민증은 기본 인적 사항 외에도 주소 변경 사항, 가족 관계, 전과 등이 꼼꼼히 담긴 12면의 수첩 형태였습니다. 후에 내용이 간소화되면서 우리의 주민 등록증과 비슷하게 플라스틱 형태로 바뀌었습니다.

죄를 지어 감옥에 가 있거나 국가나 당을 비방하고 해를 끼친 인물은 공민의 권리를 박탈당하고 공민증도 반납해야 합니다.

공민증 말고도 평양에 사는 주민들은 특별히 평양 시민증을 따로 받습니다. 평양직할시는 북한이 대외적으로 혁명의 수도로 내세우는 매우 중요한 곳입니다. 그래서 아무나 평양에 가서 살 수 없다고 해요. 수도 평양시 관리법에는 "평양 시민은 언제나 시민증을 가지고 다니며 국가의 정책 관철에서 모범이 되어 수도 시민으로서의 영예를 지켜야 한다. 평양 시민이 국가의 법질서를 엄중하게 어긴 경우에는 평양 시민증을 회수한다."라고 적혀 있습니다.

평양은 교통과 문화 시설이 잘되어 있을 뿐만 아니라 전기나 물자 공급이 다른 지역에 비해 원활합니다. 그러다 보니 평양에 거주하고 싶어 하는 주민이 많아서, 돈이 있는 사람들은 당 간부들에게 줄을 대서 평양 거주 자격을 얻기도 한답니다.

북한에도 한의사가 있을까요? 있긴 하지만 명칭이 다릅니다. 북한에서는 한국이라는 말을 안 쓰는 것처럼 '한(韓)'이 들어간 낱말을 피하기 때문에 한의원을 '고려병원'이라고 부릅니다. 한의사는 '고려의사', 한약은 '고려약'이라 부르고요.

북한에서 처음에 한의학을 가리키던 명칭은 '동의학'이었습니다. 한의원은 '동의병원', 한의사는 '동의사'라고 했고요. 조선 시대에 명의로 이름을 날렸던 허준이 쓴 책이 『동의보감(東醫寶鑑)』인데, 당시에는 우리나라가 중국의 동쪽에 있다고 해서 우리가 발전시킨 전통 의학을 '동의(東醫)'라고 표현했습니다. 북한의 한의학은 그런 흐름을 이어받고자 했던 것이고요.

북한은 전통 의학과 서양 의학을 병행해서 발전시키려 많은 노력을 해 왔습니다. 그중에서도 전통 의학을 발전시키는 데 많은 힘을 쏟았고, 일찍부터 동의학 연구를 지원해 왔습니다. 그러다가 1993년에 민족의 주체성을 살린다는 취지에 따라 동의학을 '고려의학'이라는 말로 바꾸었습니다. 그에 따라 동의 요법은 '고려 치료 요법'으로, 의과 대학에 있는 동의학부는 '고려의학부'로, 동의과는 '고려치료과' 등으로 이름이 변경되었습니다.

북한의 의대는 교육 기간이 7년입니다. 우리는 6년이니까 1년을 더 공부해야 하는 거죠. 북한에서 고려의사로 활동하다 남한으로 넘어온 사람들이 여러 명 있는데, 이들은 우리 한의사들보다 1년을 더 공부했지만 남한에서 다시 한의사 자격시험을 봐야만 합니다. 서로 사용하는 용어와 치료법에 차이가 있는 데다 일정 수준의 능력을 갖추었는지 점검하는 과정을 거쳐야 하기 때문입니다.

한글날은 처음에 '가갸날'이라 불렀습니다. 글을 처음 배울 때 "가갸 거겨…." 하면서 배운다고 해서 붙은 이름입니다. 그러다가 1928년부터 한글날이라는 명칭이 사용되었습니다. 기념일 날짜도 여러 차례 바뀌다가 1945년 해방 후에 10월 9일로 정해져서 지금까지 이어지고 있습니다.

북한도 한글 창제를 기념하는 날이 있습니다. 한글날이라고 하는 대신 '조선글날'이라고 합니다. 기념일 날짜도 1월 15일이고요. 똑같이 한글 창제를 기념하는 날인데 왜 이런 차이가 발생했을까요?

북한은 한글을 '조선글'이라고 부릅니다. 국어사전도 '조선말사전'이라고 하고, 한글날도 조선글날이라 부릅니다.

기념일 날짜가 다른 건 북한은 한글 창제일로 추정되는 날을, 우리는 훈민정음 해례본 간행일로 추정되는 날을 기준으로 삼았기 때문입니다. 북한은 한글 창제일을 음력 12월 30일(세종 25년)로 보고 그날을 양력으로 환산해 1월 15일에 기념하고 있는 겁니다. 남한은 해례본 간행일을 음력 9월 10일(세종 28년)로 추정하여 그날을 양력으로 환산해 10월 9일에 기념하고 있지요.

기념하는 날짜와 명칭은 서로 다르지만 한글 창제의 위대함을 기리는 정신은 다를 수가 없습니다. 조선글이건 한글이건, 우리는 고유의 문자를 함께 사용하는 하나의 민족이니까요.

고난의 행군

1990년대 중반부터 2000년까지는 북한 경제가 어려움에 처해 많은 주민들이 굶어 죽곤 했습니다. 이 시기를 '고난의 행군' 시기라고 합니다. 1980년대 말부터 동유럽 사회주의 국가들이 붕괴하고 1991년에는 옛 소련마저 무너졌습니다. 북한으로서는 교역을 할 수 있는 시장 자체가 사라지고 만 셈이었습니다. 설상가상으로 1993년에는 북한에 큰 흉년이 들었고, 1995년에는 대홍수가 닥쳐 극심한 식량난을 겪게 됐습니다.

수해로 인해 농작물 생산이 어렵게 되고, 그에 따라 식량을 무상으로 배급하는 체계가 무너지면서 북한 주민들은 각자 살길을 찾아야 했습니다. 북한을 탈출하는 주민이 많아지고, 거지나 부랑자를 뜻하는 '꽃제비'들이 등장한 것도 이때부터입니다. 북한 체제가 완전히 무너질 수도 있는 상황이었습니다. 그러자 북한 당국은 1996년 1월 1일 노동당 기관지인 『로동신문』의 신년 사설에서, 모자라는 식량을 함께 나눠 먹으며 일본군에 맞서 투쟁한 항일 빨치산의 눈물겨운 고난과 불굴의 정신력을 상기시키며 고난의 행군 정신으로 어려움을 헤쳐 나가자고 호소했습니다. 이때부터 고난의 행군이라는 말이 쓰이기 시작했습니다.

고난의 행군 시기를 거치면서 북한 사회는 많이 달라졌습니다. 주민들의 생활 양식뿐만 아니라 경제 활동 방식도 달라졌지요. 자본주의 방식의 상품 거래가 활발해졌고, 그 과정에서 큰 이익을 얻어 부자가 된 사람들도 많아졌습니다.

장마당은 고난의 행군 시절 생긴 일종의 시장입니다. 사실 그 이전에도 농촌 지역을 중심으로 '농민시장'이 열리곤 했습니다. 공장에서 나오는 '인민소비품'을 주로 거래했는데, 매일 열리는 상설 시장은 아니었고 한 달에 세 번 정도만 열렸습니다. 인민소비품은 생활필수품을 북한에서 이르는 말입니다.

고난의 행군 시절에 식량 배급이 중단되다 보니 북한 주민들은 당장 먹을 식량이 없었습니다. 이전에는 1인당 620그램 정도의 쌀을 배급받았으나 고난의 행군이 시작되면서 100그램 정도로 양이 줄었고 그마저도 끊길 때가 많았답니다. 생활필수품이 부족한 건 말할 것도 없었고요. 그래서 들판이나 산에 가서 채취한 나물로 나물죽을 끓여 먹기도 하고, 그것도 여의치 않으면 집에 있는 물건을 들고 나가 거리나 골목 같은 곳으로 가서 펼쳐 놓고 팔았습니다. 식량과 생활필수품을 구할 돈을 마련해야 했으니까요. 그러면서 조금씩 시장의 형태를 갖추기 시작한 게 지금의 장마당입니다.

현재 북한의 장마당에는 없는 게 없다고 해요. 식료품부터 가전제품은 물론 스마트폰과 같은 최신 통신 기기까지 있다고 하니까요. "장마당에는 고양이 뿔 빼고 다 있다."라는 말이 생겼을 정도랍니다. 중국이나 러시아에서 들여온 물건은 물론 우리가 쓰는 제품도 중국을 거쳐서 많이 들어가 있다고 합니다.

북한 당국도 초기에는 장마당을 규제하려 했지만 최근에는 오히려 장려하는 편입니다. 이제는 장마당이 없으면 북한 경제가 굴러가지 않을 정도로 장마당의 역할이 커지기도 했고, 당국도 장사꾼들에게 임대료 등을 받아 재정에 도움을 받고 있기 때문입니다.

북한 상점에 가서 쇼핑을 해 볼까요? 북한 상점은 개인이 하는 작은 가게부터 고급 백화점까지 형태가 다양합니다. 2014년부터는 편의점 형태의 상점이 '황금벌'이라는 이름으로 평양 여러 곳에 들어섰습니다. 국가에서 운영하는 국영 기업 형태를 띠고 있는데, 다양한 상품을 판매하고 있습니다. 24시간 영업은 아니지만 아침 6시부터 밤 12시까지 열여덟 시간 동안 문을 연다고 해요.

평양에는 평양 제1백화점, 락원 백화점, 광복 백화점 같은 대규모 상점이 있습니다. 백화점보다는 작지만 커다란 슈퍼마켓 정도의 규모를 갖춘 상점들도 많고요. 이곳에서는 우리처럼 카트를 밀고 다니며 사고자 하는 물건을 골라 담는 광경을 볼 수 있습니다. 그렇게 물건을 잔뜩 고른 다음 판매원 앞으로 가져가서 줄을 서고, 한꺼번에 계산을 합니다. 상품마다 바코드가 있어서 리더기로 찍으면 금방 계산을 마칠 수 있습니다. 카드 결제도 가능하고요. 카트는 '밀차', 바코드는 '띠부호'라고 합니다. 말은 좀 다르지만 우리가 슈퍼마켓이나 백화점에서 쇼핑하는 것과 별다른 차이가 없습니다.

북한에도 바겐세일 같은 걸 하는 기간이 있어요. 바겐세일은 '막팔기'라고 부르지요. 다른 말로는 '눅거리 팔기'라고도 하고요. 북한에서는 물건을 싸게 팔거나 사는 일, 또 그렇게 팔거나 산 물건을 '눅거리'라고 하거든요. 물건값이 쌀 때 "값이 눅다."라고 표현하는 데서 온 말입니다. 채소나 생선류처럼 상하기 쉬운 물건은 손해 보더라도 빨리 팔아 버려야 합니다. 이렇게 팔다 남은 물건을 한꺼번에 처리해야 할 때 우리는 '떨이'라는 말을 쓰는데요, 북한 사람들은 '꼬리 떼기'라는 말을 씁니다.

식당에 가서 종업원을 부를 때 뭐라고 해야 할까요? 그냥 "여기요." 하는 사람이 있는가 하면 "이모."라고 부르는 사람도 있을 겁니다. 딱히 정해진 호칭이 없다 보니 그때그때 달라지기도 하고요. 누구나 함께 쓸 수 있는 정확한 호칭을 만들어서 사용하면 좋겠다는 생각이 들 때도 있습니다.

북한에서는 식당이나 상점에서 일하는 사람들을 '봉사원'이라고 부릅니다. 손님에게 봉사하는 사람, 즉 서비스를 제공하는 사람이라는 뜻이지요. 예전에는 접대원이라는 호칭을 사용했는데, 최근 봉사원으로 바뀌었다고 해요. 그래서인지 평양 같은 대도시에서는 봉사원이라고 하지만 시골에서는 아직 접대원이라는 호칭이 남아 있답니다. 오랫동안 입에 붙은 말이라 하루아침에 바뀌기는 쉽지 않겠지요.

북한 식당이나 호텔 등에 가면 정장이나 한복을 입은 봉사원들을 볼 수 있는데 대부분 가슴에 명찰을 달고 있습니다. 책임감을 가지고 손님을 친절하게 대하도록 하기 위해서입니다. 부를 때는 "봉사원 동무."라고 친근하게 부르면 됩니다.

봉사원 중에는 남성도 있지만 여성 비율이 훨씬 높습니다. 여성 봉사원들은 음식만 나르는 게 아니라 손님들을 위해 노래와 무용을 곁들인 공연도 합니다. 그래서 북한에서 봉사원이 되려면 엄격한 선발 과정을 거쳐야 합니다. 봉사원을 육성하는 전문 대학이 있을 정도라고 하니, 봉사원이 되는 것이 쉬운 일은 아니라는 걸 알 수 있습니다.

북한은 사회주의 국가라 모든 주민이 평등하고 빈부 격차가 없다고 하지만 실제로는 그렇지 않습니다. 당 간부들 중에서 부유한 생활을 하는 사람들이 점차 늘어나고 있으며, 일반인 중에도 부를 축적한 사람들이 많아지고 있습니다. 사회주의 국가도 사유 재산의 일부를 인정하기 때문입니다. 특히 장마당이 활성화되면서 장사로 돈을 번 사람들이 많아졌습니다.

갑자기 돈을 많이 번 사람을 북한에서는 '돈주'라고 합니다. 일종의 속어 내지 은어인데, 졸부 혹은 벼락부자에 해당하는 말입니다. 또 북한에서는 벼락부자를 '갑작부자'라고 합니다. 단어 앞에 '갑작'이라는 말을 많이 붙여 쓰는데, 돌풍을 '갑작바람', 돌연변이를 '갑작변이', 돌연사를 '갑작죽음' 등으로 표현하는 게 그런 예에 해당합니다.

북한의 돈주들은 얼마나 부자일까요? 우리가 상상하는 것 이상이라고 합니다. 각종 명품으로 치장하는 건 물론이고, 비싼 음식점을 다니거나 승마와 골프 등을 즐긴다고 하니까요.

북한 당국도 돈주들을 무시하지 못합니다. 오히려 돈을 가진 그들이 각종 개발 사업에 투자를 하도록 유도한다고 합니다. 그래서 돈주들은 국영 기업소와 연결되어 사업을 하는 경우가 많습니다. 기업소는 돈주의 돈을 활용하고, 돈주는 기업소를 통해 사업의 편리성을 도모하는 겁니다. 돈주들이 국가를 위해 돈을 많이 내거나 협조를 하면 국가에서 '로력영웅' 칭호를 수여하기도 한답니다. 로력영웅은 경제, 문화, 건설 부문에서 특별한 공로를 세운 사람에게 부여하는 명예로운 호칭입니다.

인천항 국제 여객 터미널에 가면 보따리장수들을 만날 수 있습니다. 배로 중국을 오가면서 소규모로 무역을 하는 사람들인데, 중국 사람들이 좋아할 만한 물건을 커다란 보따리에 잔뜩 담아 가서 판매한 다음, 돌아올 때는 우리나라 사람들이 좋아할 만한 중국 물건들을 사 옵니다. 그렇게 해서 중간 이익을 남기는 거죠.

북한에도 이와 비슷하게 이 지역에서 저 지역으로 물건을 들고 다니며 장사를 하는 사람들이 있는데, 이 사람들을 두고 '달리기장사'라고 합니다. 예를 들면 시골에서 농산물이나 약초 같은 걸 잔뜩 짊어지고 도시로 가서 판 다음, 돌아올 때는 농촌 사람들에게 필요한 공산품을 사 오는 거죠. 고난의 행군 시절에 이런 달리기장사들이 많이 생겼다고 합니다. 조선 시대에 등짐을 지고 여러 지역을 돌아다니면서 장사를 하던 보부상들이 곧 달리기장사였다고 할 수 있습니다.

우리는 물건 파는 사람을 '장수'라고 하지만 북한에서는 '장사'라고 해요. 사람이 사는 곳이라면 어느 곳이나 장사를 하는 사람이 있기 마련입니다. 예전의 북한에서는 19세가 되기 전까지는 여행 증명서 없이도 마음껏 여행을 할 수 있었고, 19세 이상부터는 여행 증명서를 발급받아야 했습니다. 그런데 최근에는 여행 증명서 제도를 없앴답니다. 북한의 변화를 실감할 수 있는 조치라고 할 수 있습니다.

달리기장사는 이동하면서 물건을 사고팔아 이익을 남깁니다. 요즘 우리는 인터넷 쇼핑몰에서 물건을 자주 구매합니다. 인터넷 쇼핑몰은 IT 시대의 달리기장사라고도 볼 수 있지 않을까요?

달리기장사는 참 힘든 일입니다. 일단 먼 곳까지 이동을 해야 하니까요. 교통수단이 발달하지 않은 북한에서는 먼 도시까지 가려면 며칠씩 걸립니다. 더구나 혼자 들거나 메고 다닐 수 있는 짐의 양은 한정되어 있습니다. 그래서 등장한 게 '서비차'입니다.

서비차는 '서비스'와 '차'를 합쳐서 만든 말입니다. 차로 서비스를 한다는 건데, 사람이 짐을 옮기는 건 한계가 있으니까 차로 한꺼번에 배달시키는 겁니다. 우리식으로 하면 화물차 혹은 택배 차량이라고도 할 수 있겠습니다. 택배와 차이가 있다면 서비차는 물건을 배달하기도 하지만 때로는 사람을 실어 나르기도 한다는 점입니다.

물건을 팔려면 상품이 있어야 하는데 그 지역에서는 생산이 안 되거나 한꺼번에 많이 구입할 수 없는 상품인 경우 서비차를 이용합니다. 바닷가에서 해산물을 배달시키고, 공업 도시에서 공산품을 공급해 오는 등 북한에서도 서비차를 통한 유통 시스템이 발달하고 있습니다.

서비차 영업이 활성화된 데는 휴대 전화 보급이 많은 영향을 끼쳤습니다. 북한에도 휴대 전화 사용자가 늘어나서 최근에는 약 5백만 대 정도가 보급되어 있습니다. 휴대 전화가 있으면 상인들끼리 연락을 주고받으면서 각 지역의 물가와 상품 정보를 쉽게 알 수 있습니다. 그렇게 확보한 정보를 바탕으로 서비차 업자에게 연락해서 필요한 물품을 주문하는 거죠.

북한에서는 개인이 차를 소유하려면 절차가 꽤 복잡합니다. 그래서 서비차 업주들은 차를 사서 공장이나 기업소 같은 곳에 등록시켜 놓고 운영합니다. 등록시켜 놓은 기관에 일정한 금액을 내는 건 당연한 일이겠죠?

알락이

남 택시

평양에서는 '알락이'로 불리는 택시가 1600대 정도 운행되고 있다. 알락이라는 별명은 색깔이 알록달록하다고 해서 붙여진 것이다. 대동강 여객 운수 사업소 등 5개 정도의 기관과 회사가 운영한다.

—『아시아경제』, 2019년 1월 22일 자 기사

평양에서 운행하는 택시를 소개하는 신문 기사의 한 대목입니다. 예전에는 택시를 외국인 관광객만 이용하는 것으로 여겼지만 지금은 평양 시민뿐만 아니라 지방 도시에 사는 사람들도 자유롭게 이용하고 있습니다. 북한에서도 택시라는 말을 쓰지만, 기사에 나오는 것처럼 '알락이'라는 귀여운 별칭으로 부르기도 합니다. 알록이가 아니라 알락이가 된 건, 북한에서는 '알록달록'보다 '알락달락'이라는 말을 더 많이 쓰기 때문입니다. 이들 택시는 콜택시처럼 전화만 하면 바로 달려옵니다. 손님을 끌기 위해 기사들이 회사와 자신의 전화번호가 적힌 전단지를 만들어 돌리기도 한답니다. 요금을 지불할 때는 현금 카드인 '나래 카드'를 이용해 카드 결제를 하기도 합니다.

알락이 말고 '통통이' 혹은 '통통 택시'라고 하는 것도 있습니다. 3륜 오토바이를 개조해서 만든 통통이는 여덟 명까지 탈 수 있습니다. 동남아에 가면 볼 수 있는 툭툭이 혹은 뚝뚝이라 불리는 3륜차와 비슷합니다. 통통이는 군대에서 부상당해 제대한 '영예군인'들에게 생계 수단으로 영업을 허가한 택시라고 합니다. 통통이는 알락이에 비해 요금이 싸기 때문에 서민들이 주로 이용합니다. 알락이가 등장한 이후 통통이의 영업이 잘 안 되면서 통통이 기사들의 불만이 늘고 있다는 얘기도 들립니다.

북한에서도 자동차 대수가 빠르게 늘고 있습니다. 자동차가 굴러가려면 휘발유나 경유 같은 기름이 반드시 필요합니다. 그렇다면 당연히 주유소도 있어야겠죠? 북한에서는 주유소를 뭐라고 부를까요?

어느새 긴장으로 움츠러들었던 몸과 마음은 금강산 자락에 걸려 있는 금빛 노을을 받아들이기 시작했다.

오후 6시 21분 '금강산 연유 공급소'라는 간판을 단 국내 정유업체의 주유소를 지나면서 마침내 최초의 장전항-온정리 구간 도보가 시작되었다.

— 권기봉, 「장전항에서 온정리까지 8.15km를 걷다」에서

금강산 관광이 활발하게 이루어지던 시기에 나온 기사의 한 대목입니다. 기사에 나오는 '연유 공급소'는 바로 주유소를 뜻하는 말입니다. 대부분 연유 공급소라고 하지만 간혹 연유 판매소라는 간판을 달고 있는 곳도 있습니다. '연유(燃油)'는 연료로 사용하는 기름이라는 뜻이랍니다.

북한이 사용하는 석유는 주로 중국과 러시아에서 들여온 것입니다. 수입한 기름은 '연유창'이라고 부르는 유류 저장소에 보관했다가 필요한 곳으로 유통시킵니다. 자동차가 늘면서 연유 공급소도 많이 세워졌습니다. 북한 당국이 운영하는 곳도 있지만 기업에서 운영하는 연유 공급소들도 생겨나고 있습니다. 몇 년 전부터는 중국과 러시아 기업이 북한 기관과 합작으로 고급 연유 공급소를 세워서 운영하고 있기도 합니다. 1층에는 연유 공급소와 세차장, 2층에는 커피숍이나 부품 가게 등을 열어서 손님을 끌고 있습니다.

북한에도 우리처럼 경찰 조직이 있는데, 명칭은 우리와 다릅니다. 경찰청과 비슷한 기관으로 '인민보안성'이 있고 그 아래로는 순서대로 '보안국', '보안서', '보안소'가 있어요. 맨 마지막에 언급된 보안소는 파출소 혹은 지구대에 해당합니다. 인민보안성 조직에 소속된 이들을 '인민보안원'이라고 합니다. 하는 일은 경찰이 맡는 임무와 큰 차이가 없습니다. 파출소 가는 걸 꺼리는 것은 북한 사람들 역시 마찬가지입니다. 지은 죄가 없어도 경찰이 부르면 괜히 불안한 게 보통 사람들의 심리라서 그렇겠지요.

북한에도 교통안전을 담당하는 경찰관들이 있겠죠? 북한에선 교통경찰관을 '교통보안원'이라고 합니다. 도로 가운데 서서 손짓이나 막대로 차량 흐름을 안내하는 북한의 교통보안원을 찍은 사진을 혹시 본 적 있나요? 교통보안원은 교통 신호를 위반한 사람들을 적발하기도 합니다. 교통보안원 중에는 여성이 많고 실제로 북한 여성들에게 매우 인기가 높은 직업입니다.

참, 북한에도 '112'처럼 범죄를 신고하는 긴급 전화번호가 있을까요? 주로 방문 신고를 많이 하지만 신고 전화도 있습니다. 번호는 '188'이랍니다. 보안원의 도움이 필요한 사람은 집 앞에 노란 리본을 매달아 놓기도 합니다. 이웃 사람이 노란 리본을 발견하면 대신 신고를 해 주기도 하고요.

북한에도 은행이 있습니다. 조선무역은행은 외국과 거래하는 은행으로 일반인이 이용할 수 없고, 조선중앙은행은 중요한 금융 업무를 맡아서 처리하는 곳입니다. 한국은행과 비슷하게 주로 화폐 발행과 유통을 담당하고 있지요. 그리고 상업 은행이 따로 있어서 저축과 대출 등 일반 은행 업무를 맡아서 합니다.

우리처럼 다양한 민간 은행이 없다 보니 전국에 흩어져 있는 북한 주민들에게는 편히 이용할 수 있는 은행이 별로 없습니다. 그래서 만들어진 것이 '저금소'라는 곳입니다. 말 그대로 저금을 하는 곳이고 일반 주민들이 주로 이용합니다. 하지만 저금률은 낮은 편이라고 해요. 북한 당국이 2009년에 화폐 개혁을 하면서 화폐의 가치를 떨어뜨리는 바람에, 은행에 대한 신뢰가 많이 떨어졌기 때문이랍니다.

저금소는 저축 업무뿐만 아니라 물품 교환 업무까지 맡고 있습니다. 금이나 은 등을 가져가면 텔레비전이나 재봉틀 같은 물건으로 바꿔 줍니다. 북한 주민들은 저축보다는 물품을 교환하러 저금소를 찾는 일이 더 많다고 합니다.

참고로 북한의 지폐에는 5,000원권, 2,000원권, 1,000원권, 500원권, 200원권, 100원권, 50원권, 10원권, 5원권이 있습니다. 2,000원짜리 지폐가 있다는 게 독특하죠? 동전은 1원, 50전, 10전, 5전, 1전짜리가 있는데 가치가 낮아서 거의 사용되지 않는답니다.

은행에 가서 예금을 하려면 일단 통장부터 만들어야 하죠? 북한에서는 통장에 적힌 계좌 번호를 '돈자리'라고 부른답니다. 돈이 들어가 있는 자리라는 뜻으로 만든 말입니다.

북한 주민들이 은행을 잘 이용하지 않다 보니 북한 당국은 저축을 유도하기 위해 애를 쓰고 있습니다. 2015년에 '상업 은행법'을 개정해서 은행을 이용하는 주민들의 편의를 높이려 했습니다. 그 전에는 은행에 계좌 즉 돈자리를 하나만 만들 수 있었지만 여러 개의 돈자리를 만드는 것을 허용했고, 개인 돈자리에 기관이나 기업의 돈도 넣을 수 있게 했습니다. 예금 이자율이 10퍼센트 정도라고 하니, 우리나라

은행 이자율에 비하면 무척 높은 편입니다. 그래도 은행 이용률은 낮고, 대신 서로 돈을 빌려주고 받는 개인 간 거래가 더 활발하다고 합니다.

북한 은행에서 사용하는 용어를 몇 가지 더 살펴볼까요?

북 돈넣기	남 입금	북 봉사 료금	남 수수료
북 돈빼기	남 출금	북 행표	남 수표

입금이나 출금이라는 말도 쓰기는 하지만 가능하면 우리말을 살려 쓰려는 노력을 많이 하고 있다는 걸 알 수 있습니다. 북한에서도 나래, 고려, 선봉, 전성 등 카드가 사용되고 있습니다. 신용 카드보다는 직불 카드가 많은데, 어디서든 마음대로 사용하기는 힘들다고 합니다. 카드 단말기를 갖추고 있는 곳이 드물기 때문입니다.

체육추첨

북한에도 로또와 비슷한 복권이 있었다는 걸 알고 있나요? 북한 당국은 1991년부터 1992년까지 '인민복권'을 발행했습니다. "인민들의 문화 정서 생활을 흥성케 하며 나라의 사회주의 대건설과 통일거리 건설에 재정적 보탬을 주자."라는 목적으로 발행한 복권입니다. 추첨 과정을 텔레비전으로 중계하면서 많은 관심을 불러일으키기도 했습니다. 50원짜리 복권 천만 장이 발행되었고, 당첨금은 1등 1만 원(2천 장), 2등 5,000원(4천 장), 3등 1,000원(2천 장), 4등 500원(1만 장), 5등 100원(2백만 장)이었습니다. 당시 북한 노동자의 월급이 80원 정도였다고 하니, 당첨 금액이 매우 컸다는 걸 알 수 있습니다. 하지만 이 복권은 현재 발행이 중단된 상태입니다.

그 후 복권과 비슷한 형태로 '인민생활공채'가 발행되기도 했습니다. 공채는 국가나 지방 자치 단체에서 자금을 마련하기 위해 국민들에게 일정 금액이 적힌 증서를 팔고 나중에 원금에 이자를 붙여서 주는 것을 뜻합니다. 북한에서는 2003년에 5,000원, 1,000원, 500원짜리 세 종류로 공채를 발행했고, 추첨을 통해 1등부터 7등까지 뽑았습니다. 상금 규모는 1등은 원금의 50배, 2등은 25배 등이었습니다. 복권이라는 말은 안 붙였지만 형태는 복권과 같은 셈이었습니다.

현재 북한에서 유통되는 복권으로는 '체육추첨'이라는 게 있습니다. 체육 발전을 위한 기금을 모으려고 1986년부터 발행한 스포츠 복권인데, 정기 추첨과 즉석 추첨이 있습니다. 정기 추첨은 날짜를 정해서 추첨을 하는 것이고, 즉석 추첨은 즉석 복권처럼 그 자리에서 당첨 여부를 확인합니다. 북한 거리를 걷다 보면 '체육추첨'이라고 써 붙인 판매점들을 볼 수 있답니다.

전자상점

인터넷이 발달하면서 편리해진 것 가운데 하나가 온라인 쇼핑일 겁니다. 집에서 인터넷으로 물건을 주문하면 바로 배달되어 오니까요. 그러다 보니 하루에도 몇 개씩 집으로 택배가 배달되는 경우도 있을 거예요. 북한에서도 온라인 쇼핑이 늘어나고 있다고 해요. 온라인 쇼핑몰을 북한에서는 '전자상점'이라고 부릅니다.

북한 방송에 온라인 쇼핑몰이 등장한 건 2015년 4월입니다. 북한의 조선중앙통신이 '옥류'라는 이름의 온라인 쇼핑몰이 운영되고 있다고 보도하며 "전자 결제 카드로 운영되는 전자 상업 봉사 체계."라는 말로 옥류의 성격을 설명했습니다. 그러면서 "질 좋은 상품들을 손쉽게 눅은 가격으로 구매할 수 있고 상품 배송을 요청할 수도 있다."라고 했습니다.

옥류는 민간 기업이 아니라 북한 정부 산하에 있는 인민봉사총국이라는 곳에서 운영하는 쇼핑몰입니다. 일종의 국영 기업인 셈이죠. 이후에 '내나라', '앞날', '광흥', '은파산' 같은 쇼핑몰이 잇따라 등장했고, 최근에는 쇼핑몰이 서른 개 이상으로 늘어났습니다. 다른 나라들보다 뒤늦게 시작되었지만 빠른 속도로 인터넷 쇼핑이 확산되고 있다는 걸 알 수 있죠. 쇼핑몰 홈페이지에서는 우리처럼 상품 검색, 장바구니에 담기, 전자 결제, 구매 예약 같은 서비스들을 제공합니다.

온라인 쇼핑몰이 성행하다 보니 백화점도 온라인으로 주문을 받고 상품을 배달하는 시스템을 갖추기 시작했습니다. 심지어 옥류관에서 파는 냉면도 스마트폰으로 주문해서 사 먹을 수 있을 정도라고 합니다.

3부 평양냉면 한 그릇 주세요!

의식주

오늘 우리는
특별한 분들을
만나러 갈 거예요.
할머니, 할아버지
댁이 있는 속초가
목적지입니다.

두 분 고향이 평양이거든요.
가서 북한 음식도 먹고
궁금한 것도
여쭤 보려고 합니다.
참, 속초에는
실향민들이
많이 살아요.

탈북한 분도 만날 거예요.
좀 더 생생한 북한 이야기를
들을 수 있겠죠?
나의 섭외 능력이랄까.
버스
왔다
!!

배고파.
조금만 참아.
맛있는 거 하셨대.

어서 와라!
배고프지?
할머니~.
안녕하세요!

할아버지가 오랜만에 신나셨다.
아침부터 이것저것
만들고 말이야.
할아버지가요?

우아아

덥지? 앉아라,
시원한 '랭면'이다!
냉면!

오랜만에
이북 음식 만들어서
신났구먼 영감.
이건
평양식 랭면이고
저건
이북식 만두여.

저 냉면 엄청 좋아해요!

랭면은 명길이국수라
가위를 쓰면 안 돼.
이렇게 이로 끊어 먹어야 돼.
고럼
고럼

정말 맛있어요!
더 있으니
많이 먹어라.

할머니~

은주 누나야,
인사해.
안녕!
왔니.
안녕
하세요!

어서 와서
랭면 먹으렴.
네!
두부밥 좀
만들어 왔어요.

두부밥이요?

응, 내가 북한에 있을 때 자주 먹던 음식인데 두부 안에 밥을 넣고 양념장을 바른 거야.

나도 두부밥은 처음인데, 하나 먹어 볼까?
맛있어!
유부초밥이랑 비슷하네.

북한에 대해서 궁금한 게 많다고?

음, 일단 우리와 다른 말이 많아요. '빨락종이'이나 '막팔기'처럼요.

아….
북한에서는 외래어를 잘 안 쓰니까 더 그럴 거야. 우리말로 순화해서 쓰니까.

고기순대
(소시지)
가락지빵
(도넛)

에스키모
(하드)

음식만 봐도 남한과 부르는 말이 다른 것이 많지?

고기 겹빵
(햄버거)

라면
즉석국수
(라면)
남새
(채소)

유민이가 지금 입은 운동복 바지를 북한에서는 '단복'이라고 해.
오호.

네가 입은 원피스는 '달린옷'이라고 하고.
위아래가 이어져 있어서 달린옷인가 봐.

생각지도 못하게 다른 말이 있어서 종종 놀라기는 하는데, 그래도 이해하기 어렵진 않아.

우린 요즘 외래어를 많이 쓰잖아요. 북한 친구들과 이야기를 할 때 말이 안 통하면 어쩌죠?
맞아, 큰일인데.

그래서 2005년부터 남북한의
국어학자들이 힘을 합쳐서
『겨레말큰사전』을 만들고 있대.

꼭 완성되면 좋겠어요.
그렇구나.

'겨레말'이라는 말도
참 좋구나!
암, 우리 겨레가
같이 쓰는 말 아니여.

네! 전 오랜만에
고향 음식 먹으니 참 좋네요.
호로
로록

애들이 북한 음식이
궁금하대서 오랜만에
만들어 봤지.
고향 생각도 나고….

근데 아영아,
이 할미 말하는 것도
다 찍히는 거냐?
하하하.
그럼요!

사람이 살아가는 데 없어서는 안 될 세 가지 중요한 요소를 우리는 의식주(衣食住)라고 합니다. 북한에서는 순서를 바꾸어 '식의주'라고 말하는데요, '먹다'는 뜻의 식(食)을 맨 앞으로 끌어낸 건 그만큼 식(食)을 가장 중요하게 여겨서이겠지요.

음식과 관련된 북한 말 가운데 먼저 '때식'이라는 말부터 알아볼까요? 때식은 끼니와 같은 말입니다. 때가 되면 먹는다는 뜻을 담아서 만들었습니다.

"그동안 저희들을 위하여 때식도 잠도 잊으시고 모든 성의를 깡그리 쏟아부어 주신 리금주 선생 등 이 호텔 모든 종업원들에게 충심으로 감사드립니다."

2000년 8월에 북쪽의 이산가족 상봉단이 방문해서 가족들을 만나고 서울의 한 호텔을 떠날 때, 정춘모라는 분이 남긴 글의 한 대목입니다. 글 중에 '때식도 잠도 잊으시고'는 '식사도 잠도 잊으시고'라고 해석하면 됩니다.

한국 전쟁 직후 끼니를 때우기 힘든 시절이 있었습니다. 쌀밥은커녕 보리밥마저 충분히 먹기 힘들었고, 미국에서 원조해 준 밀가루의 도움을 받기도 했습니다. 밀가루로 해 먹는 음식 가운데 가장 간단한 것이 수제비입니다. 수제비는 밀가루를 반죽한 다음 손으로 적당히 뜯어서 끓는 국물에 넣어 요리해 먹는 음식입니다. 북한에서는 이 수제비를 '뜨더국'이라고 합니다. 밀가루 반죽을 손으로 적당히 떼어 넣는 과정이 자연스럽게 연상됩니다. 그렇게 본다면 뜨더국이라는 말이 수제비에 딱 어울리는 이름일 수 있겠다 싶습니다. 또 하나, 우리는 칼국수와 수제비를 반쯤 섞은 음식을 칼제비라고 부르기도 하는데, 북한에서는 칼국수를 '칼제비국'이라고 한답니다.

김정은 국무위원장이 문재인 대통령과 판문점 회담을 할 때 여러 사람들에게 화제가 된 말을 남겼습니다. 북한에서 직접 평양냉면을 가져왔다면서 "멀다고 하면 안 되갔구나."라고 말했지요. 여러분도 그 말을 기억할 겁니다. 자동차로 몇 시간이면 가는 평양이 결코 먼 곳이 아님을 일깨워 주는 말이었으니까요. 한동안 이 말이 유행어처럼 사람들 사이에 널리 퍼지면서 전국의 냉면집이 때아닌 호황을 누리기도 했습니다. 냉면 하나가 남쪽과 북쪽 사람들 마음을 이어 주는 역할을 했던 거죠.

냉면의 북한식 표기는 '랭면'입니다. 평양냉면으로 유명한 곳은 대동강 강변에 있는 옥류관이라는 식당인데, 본관이 1,000석에 별관이 1,200석이나 되는 초대형 식당입니다. 평양 시민이 즐겨 찾는 식당이고, 평양을 방문하는 사람이라면 으레 옥류관에 들러 평양냉면 맛을 보는 게 정해진 코스처럼 되어 있습니다.

북한 식당의 봉사원이 "국수 드시겠습니까?"라고 물었을 때, 국수가 아니라 냉면을 달라고 하면 봉사원은 의아한 표정을 지을지도 모르겠습니다. 북한에서는 국수라고 하면 일반적으로 냉면을 뜻하기 때문입니다. 냉면을 부르는 이름이 하나 더 있습니다. 어떤 사람이 옥류관에 가서 냉면을 시킨 다음 가위를 달라고 했답니다. 면이 길어서 자르려고 그런 거죠. 그러자 봉사원이 냉면은 '명길이국수'이기 때문에 잘라서 먹는 게 아니라고 하더랍니다. 냉면은 명을 길게 해주는 면인데, 그걸 가위로 자르면 명이 짧아진다는 겁니다. 북한에서 내려온 실향민들은 지금도 냉면을 가위로 잘라 먹지 않고 이로 끊어서 먹곤 한답니다.

평양냉면과 함께 유명한 냉면이 함흥냉면입니다. 그런데 정작 북한의 함흥에 가면 함흥냉면이 없답니다. 어찌된 일일까요? 함흥에는 함흥냉면 대신 '농마국수'가 있어요. 농마란 녹말을 북한에서 이르는 말이에요. 그러니까 농마국수는 녹말가루로 만든 국수를 뜻하지요. 일제 강점기에 함흥에는 개마고원에서 생산된 감자를 가공해서 감자 전분을 만드는 공장이 있었습니다. 그래서 함흥 사람들은 일찍부터 감자 전분으로 뽑아낸 국수를 먹었답니다.

평양을 대표하는 식당이 옥류관이라면, 함흥을 대표하는 식당은 신흥관입니다. 신흥관의 대표 음식이 바로 농마국수입니다. 농마국수에는 평양냉면처럼 찬물에 말아 먹는 물국수와 면 위에 회를 얹어 먹는 회국수가 있습니다. 함흥에서 피난 온 실향민들이 이 두 가지 농마국수 중 회국수를 만들어 팔면서 함흥냉면이라는 말이 시작되었습니다. 지금도 함흥에서는 농마국수라는 말을 쓰고 있습니다.

북한에는 강냉이국수라는 음식도 있어요. 북한은 산악 지대가 많고 논이나 밭이 부족하기 때문에 감자나 옥수수 같은 작물을 많이 심습니다. 자연히 감자나 옥수수를 이용한 음식이 많을 수밖에 없죠. 강냉이국수는 말 그대로 옥수숫가루 전분으로 만든 국수입니다. 북한에서 냉면은 조금 특별한 음식이지만, 강냉이국수는 평상시에 즐겨 먹는 음식이라고 합니다. 밥 대신 주식으로 삼을 정도로요.

두 번에 걸쳐 국수 이야기를 했으니 이번에는 라면에 대해 알아볼까요? 북한에도 라면이 있을까요? 당연하죠! 북한에서는 라면을 '즉석국수'라고 합니다. 즉석에서 조리해 먹는 국수라는 뜻이니, 라면의 특성에 잘 어울리는 이름입니다. 하지만 일상생활에서는 이 말보다는 '꼬부랑국수'라는 말을 더 많이 쓴답니다. 꼬불꼬불한 라면 모양에 딱 어울리는 이름이라고 할 수 있죠.

꼬부랑국수는 1970년대 말에 평양에 있는 '애국 국수 공장'에서 처음 만들었어요. 이때 만든 꼬부랑국수는 라면처럼 면이 꼬불거리긴 했지만 기름에 튀기지 않았고, 스프도 없었어요. 그래서 양념을 따로 만들어 넣어서 끓여 먹어야 했대요. 지금과 같은 형태의 라면이 본격적으로 생산된 건 2000년에 '대동강 즉석국수 공장'이 설립되면서부터입니다. 이 공장에서 '대동강'이라는 상표를 단 즉석국수를 생산해서 판매하기 시작했습니다. '소고기 맛 즉석국수', '김치 맛 즉석국수' 등이 있지요.

대동강 국수 공장을 비롯해 몇몇 식료 공장도 라면을 생산하지만 공급량이 많지는 않아요. 그래서 장마당에 가장 많이 나오는 건 중국 라면이랍니다. 남한 라면도 장마당에 나오긴 하지만 가격이 꽤 비싸다고 해요. 남한 라면이 북한 돈으로 3,000원쯤 한다면 중국 라면은 1,500원, 북한 라면은 800원쯤입니다.

봉지 라면이 있다면 컵라면도 있겠죠? 북한에서는 컵라면을 '그릇 즉석국수' 또는 '고뿌 즉석국수'라고 부릅니다. 고뿌는 컵의 일본식 발음입니다. '고뿌 즉석국수'와 구별해서 봉지 라면을 '봉지 즉석국수'라고 부르기도 합니다.

평양의 길거리를 걷다 보면 우리의 노점이나 포장마차처럼 길거리 음식을 파는 곳을 만날 수 있습니다. 북한 주민들은 이곳에서 '두부밥'을 즐겨 사 먹어요.

두부밥은 유부초밥과 상당히 비슷한데, 고난의 행군 시절에 생긴 음식으로 알려져 있습니다. 먹을 게 부족하자 영양을 보충하기 위한 음식들을 개발했는데, 그중 하나가 바로 두부밥이랍니다. 재일 동포들이 해 먹는 유부초밥을 흉내 내서 북한식으로 만든 음식이지요. 두부를 세모 모양으로 잘라서 튀겨 낸 뒤에 가운데에 칼집을 내고 속에 밥을 넣은 다음 양념을 얹어 먹으면 됩니다. 이때 어떤 양념을 쓰느

냐에 따라 다양한 맛의 두부밥을 만들 수 있답니다.

두부밥은 길거리에서 사 먹기도 하지만 집에 손님이 왔을 때 특별한 음식으로 대접하기도 합니다. 특히 장마당에서 장사하는 사람들이 점심때가 되어 출출하면 두부밥으로 끼니를 때우는 일이 많다고 해요. 그만큼 두부밥이 북한 주민들 사이에서 대중적인 음식으로 자리 잡았다는 걸 알 수 있습니다. 우리가 학교 끝나고 집에 가다가 떡볶이나 어묵을 사 먹는 것처럼 북한 학생들은 두부밥을 사 먹으며 즐거워하지 않을까요?

북한 두부밥이 알려지면서, 남한에서도 두부밥을 해 먹는 사람들이 생겼습니다. 방송에서도 여러 차례 소개됐고 조리법도 어렵지 않아 별미 삼아 해 먹기에 안성맞춤이기 때문입니다. 북한 음식 전문점에 가도 두부밥을 만날 수 있습니다.

인조고기

뜻 콩으로 만든,
고기 맛이 나는
식재료

한때 콩고기가 유행한 적이 있습니다. 콩은 고기 못지않게 단백질이 많은 곡식으로 알려져 있지요. 콩고기를 먹어 보면 고기와 비슷한 맛이 납니다. 지금도 콩고기가 나오고는 있지만 고기가 워낙 흔하다 보니 찾는 사람들이 그리 많지는 않습니다.

북한에도 콩을 이용해서 고기 맛을 내는 음식이 있습니다. 바로 '인조고기'입니다. 인조고기도 고난의 행군 시절에 나온 음식입니다. 처음에는 콩기름을 짜내고 난 콩 찌꺼기를 이용해서 만들었답니다. 그러다 보니 맛이 조금 거친 편이었는데, 지금은 경제 상황이 나아져서 콩을 갈아서 만든다고 합니다. 이렇게 만든 인조고기는 그냥 먹기도 하지만 보통은 인조고기밥을 해서 먹습니다.

인조고기밥은 인조고기를 넓게 편 다음 그 위에 참기름과 소금 등을 섞은 밥을 얹어서 말면 됩니다. 모양은 우리가 먹는 메밀전병과 비슷합니다. 거기다 양념을 발라서 먹으면 훌륭한 먹거리가 된다고 합니다. 이 음식 역시 길거리에서 쉽게 사 먹을 수 있습니다.

"여기 매대에서 인조고기밥 사 먹고 가자야."

"싫다우. 내레 두부밥을 사 먹을 기야."

"그럼 넌 두부밥 먹고 난 인조고기밥 먹으믄 되갔구나."

북한 친구들이 학교 끝나고 집으로 가며 나누는 대화를 상상해 본 건데요, 대화에 나오는 '매대'는 간이 상점을 말합니다.

속도전떡

뜻 옥수숫가루로 짧은 시간에 만드는 떡

'속도전떡'은 옥수숫가루를 이용해서 만든 떡을 말하는데, '속도전가루떡'이라고도 한답니다.

속도전떡은 군인들이 훈련을 나가거나 직장인들이 작업을 나갔을 때 시간을 아끼기 위해 해 먹던 음식입니다. 속도전떡이라는 이름은 어떤 사업을 할 때 모든 역량을 동원하여 최대한 빨리 완성하는 걸 뜻하는 속도전 운동에서 비롯됐습니다. 그만큼 만드는 데 걸리는 시간이 짧은 떡이라는 뜻이랍니다. 옥수수에 높은 압력과 열을 가해 가루로 만드는데, 이 가루를 '속도전 가루'라고 합니다. 속도전 가루에 따뜻한 물을 넣어 5분 정도 반죽하면 쫄깃한 속도전떡이 됩니다.

비슷한 떡으로 '펑펑이떡'도 있어요. '펑펑이떡'은 펑펑이 가루로 만든 떡인데, 펑펑이 가루는 옥수수뻥튀기를 다시 가루로 만든 것이라고 합니다. 만드는 방법은 속도전떡과 마찬가지입니다. 펑펑이 가루에 물을 넣고 반죽을 하면 됩니다. 펑펑이 떡은 '퐁퐁이떡', '퐁퐁떡'이라고도 부릅니다.

먹음직스럽게 노란 빛깔을 띤 속도전떡이나 펑펑이떡을 설탕에 찍어 먹으면 꿀맛이라고 합니다. 펑펑이떡과 속도전떡은 만들기 쉽고 맛도 좋아 북한 주민들이 무척 좋아하는 음식입니다. 여행을 할 때 식사용으로도 가지고 다닌다고 하고요. 물과 가루만 있으면 떡을 만들 수 있으니까요. 북한에는 옥수수가 많이 생산되다 보니 옥수수를 이용한 음식이 많을 수밖에 없습니다.

북한에서는 도넛을 '가락지빵'이라고 부릅니다. 도넛 모양이 반지를 닮아서 그런 이름이 붙었답니다. 외래어로 표현할 때는 도넛이 아니라 '도나트'라고 합니다.

도나트처럼 같은 외래어라도 북한에서 다르게 발음하는 이름이 꽤 많습니다. 피자는 '삐짜', 스파게티는 '스빠게띠'라고 합니다. 러시아식 발음의 영향을 받았기 때문인데요, 우리보다 이탈리아 원어 발음에 더 가까운 편입니다. '칼파스' 혹은 '꼴바싸'라는 이름도 있습니다. 러시아에서 온 말인데, 소시지를 가리키지요. '쏘시지'라고 하거나 외래어 대신 '고기순대'라는 우리말을 사용하기도 합니다.

햄버거는 햄버거라고도 부르지만 '고기겹빵'이라고 부르기도 합니다. 그렇다면 '베개빵'과 '구운빵지짐'은 무엇일까요? 베개빵은 바게트, 구운빵지짐은 와플을 뜻한답니다.

'고기떡' 혹은 '물고기떡'이라고 부르는 음식도 있습니다. 앞서 말한 이름들은 들으면 대충 무엇을 가리키는지 짐작할 수 있었겠지만 물고기떡은 상상이 잘 안 되지요? 정답부터 말하면 어묵을 뜻하는 말입니다. 생선살을 재료로 만드는데, 식감이 떡처럼 쫄깃하다고 해서 이런 이름이 붙은 것입니다.

"우리 날도 더운데 '에스키모' 하나씩 사 먹고 가자."

"좋지. 난 딸기 맛 에스키모로 먹을래."

여러분이 이런 대화를 들었다면 무슨 말인가 싶어 어리둥절한 표정을 지을지도 모르겠습니다. 에스키모를 먹다니, 에스키모가 뭘 말하는 거지? 이런 궁금증을 품게 될 텐데요, 에스키모는 바로 아이스크림을 가리키는 말입니다.

그동안 특이한 북한 말로 널리 알려진 것 중 하나가 '얼음보숭이'입니다. 외래어를 순우리말로 재미있게 바꾼 북한 말이라고 해서 자주 소개되곤 했습니다. 그런데 사실 북한에서 얼음보숭이라는 말을 쓰는 사람은 거의 없답니다. 북한 소식을 접하기 어렵다 보니 그런 말이 정말로 쓰이는지 확인되지도 않은 채 잘못된 상식이 널리 퍼지게 된 거죠.

북한에서도 아이스크림이라는 말을 쓰긴 합니다. 다만 아이스크림은 주로 부드러운 콘 같은 것을 가리킬 때 씁니다. 아이스바나 하드처럼 단단한 것은 에스키모라고 부르고요.

에스키모는 본래 러시아에서 팔던 아이스크림의 상표 이름이었습니다. 이 에스키모가 북한에 들어와서 인기를 끌다 보니 아예 아이스크림을 뜻하는 말로 굳어졌다고 합니다.

단설기

뜻 백설기처럼 만든 달콤한 생과자

초코파이는 우리나라뿐만 아니라 중국과 러시아 등에서도 상당히 인기를 끌고 있습니다. 북한 장마당에서도 우리나라 초코파이가 팔리고 있다고 하고요.

초코파이가 처음 장마당으로 흘러 들어간 사연이 있습니다. 개성공단이 세워진 다음 운영이 순조롭게 잘 이루어질 때였습니다. 개성공단에서 일하는 북한 노동자들은 간식으로 초코파이를 받았다고 합니다. 그런데 이 초코파이를 그 자리에서 먹지 않고 집에 가져갔다가 장마당에 파는 사람들이 생겼습니다. 초코파이 맛을 본 북한 사람들이 자꾸 초코파이를 찾게 되자 개성공단 노동자들은 너도나도 초코파이를 장마당으로 들고 나갔습니다. 초코파이뿐만 아니라 믹스커피 등도 같은 방식으로 장마당에서 유통되곤 했답니다.

초코파이가 북한 주민들에게 인기를 끌자 북한의 공장에서 직접 초코파이를 생산하게 됐습니다. 그래서 나온 게 '쵸콜레트단설기'라는 이름의 제품입니다. 모양과 맛이 초코파이와 비슷하다고 합니다. 북한에서는 초콜릿을 '쵸콜레트'라고 합니다. '단설기'는 백설기처럼 만든 달콤한 생과자를 뜻하는 북한 말이고요. 북한에는 단설기라는 말을 붙인 과자가 많습니다. 찰떡파이와 비슷한 과자는 '경단설기'라 부르고, '감자가루단설기' 같은 과자도 있습니다.

생일 축하합니다. 생일 축하합니다.

사랑하는 영호의 생일 축하합니다.

생일 케이크를 앞에 놓고 축하 노래를 부르는 건 어느 집에서나 흔히 볼 수 있는 풍경입니다. 서양식 생일 축하 방식이긴 하지만 이제는 거의 우리 문화처럼 자리를 잡았습니다. 북한에서는 어떻게 생일 축하를 할까요? 아직 널리 퍼지지는 않았지만 북한에서도 생일 케이크를 놓고 축하하는 문화가 생기고 있다고 합니다.

북한에서도 케이크가 생산, 판매되는데 이름이 참 독특합니다. 케이크를 '똘뜨'라고 부르는데, 이는 러시아에서 온 말이라고 합니다. 러시아식 케이크를 뜻하는 러시아어 '토르트'를 북한식으로 발음한 것이지요.

북한이 중국, 러시아와 가까이 지내다 보니 북한 주민들도 중국 말과 러시아 말의 영향을 받은 단어들을 사용하는 경우가 많습니다. 그룹을 '그루빠', 트랙터를 '뜨락또르', 점퍼를 '슈바'라고 부르는 것은 모두 러시아어의 영향을 받았기 때문입니다. 털로 된 점퍼는 '털 슈바'라고 부른답니다.

러시아식 발음은 특히 나라 이름에 영향을 많이 미쳤습니다. 북한 사람들은 러시아를 '로씨야', 폴란드는 '뽈쓰까', 멕시코는 '메히꼬', 쿠바는 '꾸바'라고 합니다. 그렇다면 '스웨리예'는 어느 나라를 가리킬까요? 정답은 스웨덴입니다.

달걀을 이용한 음식은 나라마다 무척 다양합니다. 북한도 마찬가지입니다. 북한에서는 달걀을 '닭알'이라고 합니다. 닭이 낳은 알이라는 사실을 분명히 밝혀서 표기하는 것이죠. 북한 말에는 이와 같은 표기법을 취하는 낱말들이 많습니다. '옳바르다' 같은 말이 그런 경우입니다. '옳다'와 '바르다'를 합쳐 우리는 '올바르다'라고 표기하는데, 북한은 '옳'이라는 글자를 바꾸지 않고 그대로 두었습니다.

닭알을 재료로 한 음식 이름들을 살펴볼까요? 달걀말이는 '닭알말이', 달걀프라이는 '닭알부침'이라고 불러요. 특이하다 싶을 정도로 재미있는 말들도 있습니다. '닭알두부' 또는 '닭알공기찜'은 달걀찜을 이르는 말이에요. 닭알공기찜에서 '공기'는 밥을 담는 작은 그릇을 말합니다. 달걀을 풀어서 공기에 담아 찐다고 해서 붙인 이름입니다. 그렇다면 오므라이스는 뭐라고 할까요? '닭알씌운밥' 혹은 '닭알씌움밥'이라고 합니다. 달걀덮밥은 '닭알쌈밥'이라고 하고요.

북한에는 '닭알기름'이라는 것도 있답니다. 바로 삶은 달걀에서 흰자를 빼고 노른자만 약한 불에 가열시켜 태울 때 나오는 기름입니다. 닭알기름은 무좀 치료에 효과가 뛰어나고, 여름철에는 햇볕에 입은 화상을 치료하는 데도 쓰인다고 합니다.

치킨을 찾는 사람들이 많아지면서 프라이드치킨, 간장치킨, 고추치킨 등 여러 종류의 치킨이 인기입니다. 치킨을 집으로 배달시켜서 먹기도 하고요. 북한 사람들도 치킨을 배달시켜 먹을까요? 최근 북한에도 배달을 전문으로 하는 상점들이 생겼고, 치킨도 배달이 가능해졌습니다. 하지만 북한에 치킨집이 생긴 것은 그리 오래되지 않았어요.

북한에 최초로 치킨을 파는 식당이 들어선 건 2007년입니다. 남북 경제 협력이 활성화되고 있던 때에 남북 합작으로 평양 중심가에 '락원'이라는 닭고기 전문 식당을 열었습니다. 여기서 처음으로 치킨을 팔기 시작했답니다. 다만 북한에서는 치킨이라는 말을 안 쓰기 때문에 '닭튀기'라는 이름으로 치킨을 판매했다고 합니다. 북한에서는 튀긴 음식을 가리킬 때 '튀기'라는 말을 씁니다. 그래서 감자를 튀긴 것도 감자튀김이 아니라 '감자튀기'라고 합니다. 닭 한 마리를 통째로 튀긴 건 '통닭튀기'라고 하고요. 튀기기 전에 입히는 튀김옷도 북한에서는 '튀기옷'이라고 합니다.

북한에는 '튀기과자'라는 것도 있습니다. 북한 상점에 가면 새우깡과 비슷한 과자를 볼 수 있는데, 봉지에 튀기과자라고 상품명을 적어 놓았습니다. 튀기과자는 보통 스낵을 말합니다. 북한의 튀기과자는 어떤 맛일지 궁금하지 않나요?

여름이면 사람들은 사이다나 콜라 같은 탄산음료를 즐겨 마십니다. 탄산음료가 건강에 좋지 않다는 것은 알지만 탄산이 주는 탁 쏘는 맛과 단맛 때문에 탄산음료를 끊지 못하는 것이겠죠. 북한 사람들은 탄산음료를 '탄산단물'이라고 합니다. 단물이라는 우리말을 잘 활용한 이름이죠? 하지만 사이다라는 말은 북한에서도 그대로 사용하고 있습니다. 북한에서 사이다를 생산하는 공장 이름이 '경련 애국 사이다 공장'이거든요. 여기서 생산하는 대표적인 사이다가 '랭천사이다'입니다. 공장 이름은 원래 '평양 랭천사이다 공장'이었는데, 재일 동포 기업가인 박경련이 공장에 생산 설비를 기부한 것을 기념하는 의미로 1982년 지금의 이름으로 바뀌었습니다.

북한은 사이다에 과일향을 첨가해서 여러 종류의 탄산단물을 생산하고 있습니다. 첨가하는 향에 따라 포도탄산단물, 레몬탄산단물처럼 부릅니다. 콜라는 코코아탄산단물이라는 말로 부릅니다. 그렇다고 해서 콜라라는 말을 아주 안 쓰는 건 아닙니다. 북한에서 만든 룡성콜라가 상점에 진열되어 있기도 하거든요. 룡성콜라는 1980년대에 김정일 국방위원장이 자본주의의 상징인 코카콜라를 마시지 말고 우리의 콜라를 마시라고 주문해서 개발되었다고 합니다. 하지만 지금은 중국 유통업체를 통해 코카콜라가 수입되어 팔리고 있습니다. 주로 외국인이 묵는 고급 호텔이나 외국인 전용 상점에 가면 코카콜라를 만날 수 있습니다.

그렇다면 주스는 뭐라고 할까요? '과일단물'이라고 합니다. 배즙으로 만든 주스는 배단물, 오미자 열매로 만든 주스는 오미자단물로 불린답니다.

북한에서 '과일단졸임' 혹은 '단졸임'이라고도 불리는 이 음식은 무엇일까요? 바로 과일에 설탕을 넣고 약한 불로 졸여서 만든 식품, 즉 잼이랍니다. 어떤 과일을 사용하느냐에 따라 다양한 과일단졸임이 있습니다. 딸기로 만든 잼은 딸기단졸임이겠죠?

우리는 졸여서 만든 음식을 '조림'이라고 쓰지만 북한에서는 '졸임'이라고 씁니다. 발음은 같지만 표기법이 다른 거죠. 생선조림을 북한에서는 '생선졸임'이라고 표기하는 식입니다. 졸임이라는 이름이 붙은 음식 중에 '단졸임소빵'이라는 게 있습니다. 과일잼을 넣은 빵을 뜻하는 말입니다. 소는 송편이나 만두를 만들 때 속에 넣는 재료를 말합니다. 그러니까 단졸임소빵은 단졸임, 즉 잼을 소처럼 가운데 넣었다는 뜻이지요.

'과일단묵'이라는 것도 있는데, 단묵은 젤리를 가리키는 북한 말입니다. 따라서 과일단묵은 과일을 이용해서 만든 젤리를 뜻하는 말이지요.

그렇다면 '통졸임'은 무엇일까요? 바로 통조림의 북한 말입니다. 과일 통졸임을 비롯해 생선 통졸임, 고기 통졸임 등 북한에도 다양한 통조림 제품이 있습니다.

북한에서는 채소를 '남새'라고 부릅니다. 남새라는 말은 우리도 예전에 썼고, 지금도 국어사전에 실려 있습니다. 하지만 채소나 야채라는 한자어에 밀려서 지금은 거의 사라지고 말았습니다.

배추나 무 등 남새에도 여러 종류가 있는데, 남한과 북한에서 서로 다르게 부르는 것들을 살펴보겠습니다. '부루'를 우리 국어사전에서 찾으면 상추의 방언이면서 북한 말이라고 적혀 있습니다. 양파도 북한에서는 '둥글파'라는 말로 많이 부르고, 양배추는 '가두배추'라고 합니다. 땅콩이라는 말보다 '락화생'이라는 말을 많이 쓰고, 토마토는 '도마도'라고 부릅니다. 북한에는 도마도김치라는 게 있는데, 절인 가두배추에다 덜 익은 도마도를 썰어 얹어서 담근 김치를 말한답니다.

그렇다면 '사자고추'란 무엇을 가리키는 말일까요? 바로 피망인데요, 피망 생김새가 꼭 사자 머리를 닮았다고 해서 붙은 이름이라고 합니다.

전기밥가마

남 전기밥솥

가정에서 사용하는 전기 제품 이름을 살펴볼까요? 북한에서는 전기밥솥을 '전기밥가마'라고 합니다. 밥가마라는 말이 낯설게 다가오죠? 밥솥이라는 말도 안 쓰는 건 아니지만 밥가마라는 말을 더 많이 씁니다. 우리는 가마라고 하면 무척 큰 가마솥이 머릿속에 떠오르지만 북한 사람들은 밥을 짓거나 국을 끓이는 솥을 가마라고 부른답니다. 그래서 밥가마라는 말과 함께 국가마라는 말도 쓰입니다. "부뚜막의 소금도 집어넣어야 짜다."라는 속담이 있지요? 북한 사전에는 이 속담이 "부뚜막에 있는 소금도 국가마에 넣어야 짠맛을 낸다."라고 올라가 있습니다.

전기밥솥을 전기밥가마라고 한다면 압력 밥솥은 뭐라고 할까요? '압력 밥가마'가 정답입니다. 가스레인지는 '가스곤로', 커피포트는 '전기 주전자', 믹서기는 '분쇄기'라고 합니다. 냉장고는 '랭동기', 에어컨은 '랭풍기', 온풍기는 '열풍기'라고 하고요. 진공청소기는 '흡진기'라고 합니다. 먼지를 흡수하는 기계라는 뜻이죠.

북한 전기 사정이 좋지 않았을 때는 이런 가전제품들을 사용하지 못하도록 단속하기도 했답니다. 지금은 많이 나아진 편이지만 평양을 제외한 지방은 아직도 전기 공급이 원활하지 않다고 합니다. 최근에는 북한 당국이 태양열 사용을 권장하면서 태양 전지판을 많이 설치하고 있답니다.

인민복

뜻 장식 없이 단순한 디자인으로 만들어 누구나 평등하게 입는 옷

북한은 연초마다 최고 지도자가 신년사를 발표하는데 김정일 국방위원장 시절에는 보통 인민복을 입은 차림으로 연설을 했습니다. 김정은 국무위원장도 마찬가지였는데, 최근에는 양복을 입고 등장해서 파격적이라는 말을 듣기도 했습니다.

인민복은 본래 중국의 지도자 쑨원이 일상생활에 편리하도록 고안해서 만든 옷입니다. 아무런 장식 없이 단순한 디자인으로 만들어서 누구나 평등하게 입고 다니게 했습니다. 그러다가 중국과 북한이 모두 공산 국가가 되면서 인민복을 일상복처럼 입고 다니게 됐습니다. 최고 지도자부터 일반인까지 같은 형태의 옷을 입음으로써 평등

사회라는 이미지를 주려고 한 겁니다.

하지만 북한 외출복은 이제 많이 달라졌습니다. 예전에는 대부분 인민복을 입었지만 요즘은 주로 양복을 입고, 여름에는 반팔 셔츠 차림으로 다니기도 하거든요. 북한에서는 외출복을 '나들이옷' 혹은 '갈음옷'이라고 합니다. 남성은 양복을 입는 경우가 많지만 여성은 다양한 스타일의 나들이옷을 입습니다. 주로 입는 원피스는 '달린옷', 투피스는 '나뉜옷'이라고 부릅니다. 우리가 트레이닝복이라고도 하는 운동복을 북한에서는 '단복'이라고 합니다.

북한 학생들은 소학생부터 대학생까지 모두 교복을 입습니다. 우리는 학교마다 교복이 다르지만 북한은 모든 학교의 교복이 똑같습니다. 북한 학생들도 교복을 줄이거나 조금씩 변형해서 입는 경우가 많다고 합니다. 개성을 드러내고 싶은 건 누구나 마찬가지겠지요.

몸매바지

몇십 년 전만 해도 북한 여성들은 바지를 입고 다닐 수 없었습니다. 치마도 무릎이 드러나는 길이는 금지되어 있었다고 해요. 그만큼 옷차림에 대한 제약이 심했다고 볼 수 있습니다. 1970년대에는 남한에서도 경찰관이 가위와 자를 들고 다니며 여성의 미니스커트와 남성의 장발을 단속했습니다. 지금 생각하면 말도 안 되는 일이지만 이렇게 국가가 국민의 옷차림과 머리 길이까지 단속하던 시절이 있었습니다. 북한에는 그런 규제가 좀 더 오래 남아 있었던 거죠.

최근에는 리설주 여사의 맵시 있는 옷차림을 흉내 내는 북한 여성들이 늘었다고 합니다. 김정은 국무위원장의 부인인 리설주 여사가 유행을 선도하고 있는 셈입니다. 그래서 요즘은 북한 보안원들이 여성의 옷차림을 단속하는 일이 많이 줄었답니다.

북한에도 자유로운 차림새의 사람들이 점점 늘어나고 있습니다. 북한 사람들이 청바지를 입고 다니는 것도 커다란 변화 중 하나입니다. 북한 당국은 청바지를 자본주의 사회의 타락한 문화를 상징하는 복장이라면서 금지시켰습니다. 하지만 청바지가 주는 편리성 때문에 하나둘 입기 시작하면서 북한에서도 널리 퍼지게 됐답니다. 드물긴 하지만 평양 시내에서 찢어진 청바지를 입고 다니는 사람들도 눈에 띈다고 합니다. 몸에 착 달라붙는 스키니 진을 입기도 하고요. 몸에 딱 붙는 바지를 북한 사람들은 '몸매바지' 혹은 '땡빼바지'라고 부릅니다. 쫄바지는 '쫑대바지'라고 부르고요.

북한의 정식 명칭이 무엇인지 알고 있나요? '조선민주주의인민공화국'입니다. 그래서인지 북한 사람들은 조선이라는 말을 많이 씁니다. 북한이나 남한을 가리킬 때도 북조선과 남조선이라는 말을 씁니다. 우리가 보통 남한과 북한에 거주하는 한민족 전체를 가리켜 한국인이라는 표현을 쓴다면, 북한에서는 조선인이라고 표현하고요. 그 외에도 조선이라는 말은 거의 전 분야에서 두루 쓰이고 있습니다.

북한의 중요한 기관에도 조선이라는 말이 붙는 경우가 많습니다. 북한의 최고 권력 기관인 조선로동당을 비롯해 국가가 운영하는 통신사인 조선중앙통신사, 중앙은행 역할을 하는 조선중앙은행 같은 기관들이 그런 경우입니다.

그렇다면 한복은 뭐라고 할까요? 쉽게 짐작할 수 있는 것처럼 '조선옷'이라고 합니다. 한식은 '조선료리'나 '조선음식', 한식집은 '조선식당', 한우는 '조선소', 한옥은 '조선집'이라고 합니다. 한글도 북한에서는 '조선글'이라고 하니까 북한이 조선이라는 말을 얼마나 중요하게 여기는지 알 수 있습니다.

2005년부터 남한과 북한의 국어학자들이 공동으로 통일국어대사전을 만들기 위한 작업을 진행하고 있습니다. 사전 명칭을 무엇으로 할 것인지가 처음부터 쟁점이었다고 합니다. 북한식으로 하면 조선어대사전, 우리식으로 하면 한국어대사전으로 해야 하는데, 서로 받아들이기 힘들었던 겁니다. 그래서 결국 사전의 명칭은 '겨레말큰사전'으로 결정이 되었습니다. 통일을 대비하기 위해서는 이렇듯 서로 다른 말에 관심을 가지고 맞추어 가려는 노력을 해야 할 것입니다.

조선옷 품평회

남 패션쇼

평양에서는 해마다 봄과 가을에 패션쇼가 열려요. '조선옷 품평회'라고 불리는 이 패션쇼에서는 조선옷과 함께 서양식 정장 차림도 선을 보이고 있습니다.

조선옷 품평회에 나온 옷에는 주문 번호가 붙어 있어서 품평회에 참가한 상인들은 그 자리에서 번호를 보고 옷을 주문할 수 있습니다. 품평회에는 옷을 주문하려는 상인들이 전국에서 천여 명이나 몰린다고 합니다. 음악에 맞춰 모델들이 다양한 옷을 입고 등장해서 멋진 포즈도 취하는 등 우리가 생각하는 패션쇼와 비슷하다고 해요.

옷을 사기 위해 상인들이 '조선옷 품평회'를 찾는다면 일반인들은 양복점이나 '피복 전시장'을 찾아가 옷을 구입합니다. 장마당에 가도 옷을 살 수 있지만, 옷만 전문적으로 판매하는 상점이 아무래도 보다 좋은 옷을 갖추고 있겠죠? 그중에서도 평양에 있는 을밀대 피복 전시장은 북한에서 가장 규모가 크고, 고급스러운 옷을 취급하고 있습니다. 피복 전시장에는 다양한 종류의 옷들이 진열되어 있고, 마음에 드는 옷을 골라 탈의실에서 입어 볼 수도 있습니다. 북한에서는 의류라는 말보다 피복이라는 말을 더 많이 씁니다. 옷 만드는 공장은 '피복 공장'이라고 하지요.

북한은 배급 사회이기 때문에, 북한 주민들은 1년에 한두 번씩 옷이나 옷감을 받습니다. 하지만 그걸로는 충분하지 않습니다. 배급받은 옷은 디자인이나 색상이 너무 단순해서 고쳐 입거나 따로 사 입을 수밖에 없다고 합니다.

『중앙일보』 2014년 8월 7일 자 신문에 「여성 스타킹 들고 국산화 강조한 김정은」이라는 제목의 기사가 실렸습니다. 김정은 국무위원장이 평양 양말 공장을 방문해서 현지 지도를 하는 모습을 전하는 내용이었습니다. 김정은 국무위원장이 아동 양말 견본장을 둘러보다 이런 말을 했다고 합니다.

"키티 양말이 있구만. 푸 양말도 있는가?"

평양 양말 공장에서는 여성용 스타킹을 비롯해 남성 양말과 아동 양말을 생산하고 있습니다. 만화 영화 캐릭터인 곰돌이 푸를 비롯해 미키 마우스 등이 그려진 아동 양말도 생산되고 있고요.

북한에서는 스타킹을 '살양말'이라고 합니다. 살이 비치는 양말이라는 뜻으로 만든 말일 텐데, 목이 길다고 해서 '긴양말'이라는 말로 부르기도 합니다. 어린이들이 주로 신는 타이츠는 '양말바지'라는 이름으로 통합니다. 양말은 양말인데 바지처럼 생겼다고 해서 그렇게 부른다고 합니다.

북한 여성들에게 스타킹은 필수품입니다. 바지보다는 치마를 즐겨 입기도 하지만, 각종 행사에 참가할 때는 반드시 치마를 입어야 하기 때문입니다. 그래서 스타킹은 장마당에서 매우 인기 있는 품목 중 하나랍니다. 북한산뿐만 아니라 중국산이나 남한산 스타킹도 많이 팔리고 있다고 하네요. 다만 색깔이 들어간 스타킹이나 망사 스타킹 같은 것들은 찾아보기 힘듭니다.

로동화

뜻 육체노동을 하는 데
편리하게 만든 신발

'로동화'는 북한 남성들이 평상시에 가장 많이 신고 다니는 신발입니다. 본래는 군인들이 신는 신발인데, 튼튼하게 만들어져 노동자나 일반인들도 많이 신고 다닙니다. 여성들은 '편리화'라는 신발을 즐겨 신고 다닙니다. 편리화는 발등이 드러나는 모양의 운동화를 말하는데, 끈이 없기 때문에 신고 벗기가 편리하다고 해서 이런 이름이 붙었다고 합니다.

평상시에 신는 로동화나 편리화 외에도 다양한 신발들이 있습니다. 실내화를 북한에서는 '방신'이라고 합니다. 방에서 신는 신발이라는 걸 쉽게 알 수 있겠죠? 그렇다면 슬리퍼는 뭐라고 부를까요? 끌고 다니면서 신는 신발이라고 해서 '끌신'이라고 합니다. 일본식 발음으로 '쓰레빠'라고 부르는 사람들도 많다는군요.

이번에는 특이한 이름의 신발을 소개하려고 합니다. '왈렌끼'라는 신발인데, 언뜻 들어도 우리말이 아니라는 느낌이 올 겁니다. 왈렌끼는 러시아에서 온 말로, 겨울에 신는 여성용 부츠를 뜻합니다. 가죽 장화라고 부르기도 하지요. 북한 여성들도 부츠나 하이힐을 신고 다닙니다. 참, 하이힐은 '뾰족구두'라고도 부르지만 '빼딱구두' 혹은 '빼또구두'라고 부르기도 한답니다.

북한에서는 사람이 거주하는 주택을 살림집이라고 합니다. 집의 형태와 종류가 다양하듯 북한의 살림집도 여러 형태가 있습니다. 그 중에서도 대표적인 형태가 '문화주택'과 '아빠트'입니다. 북한에서는 아파트를 아빠트로 표기합니다.

문화주택은 주로 농촌 지역에 많습니다. 형태는 연립 주택과 비슷하고, 2, 3층 규모로 여러 세대가 모여 살 수 있도록 지은 살림집입니다. 문화주택 건설은 1950년대 중반 이후부터 북한 당국이 농민들의 생활 편의를 위해 의욕적으로 추진한 사업으로, 옛날 초가집을 헐고 주택의 현대화를 꾀한 겁니다.

평양 같은 도시에는 서울처럼 아빠트가 많이 들어서 있습니다. 오래된 아빠트는 소형 평수가 많지만 최근에 지어진 아빠트는 평수도 넓고 고층이라고 해요. 심지어는 70층 건물에, 60평에서 100평에 이르는 아빠트들도 많다고 합니다. 이런 고층 아빠트는 최근 몇 년 사이 조성된 미래과학자거리와 려명거리에 많습니다. 미래과학자거리는 대동강 강변에, 려명거리는 평양의 동북쪽에 있는데, 모두 평양의 신시가지에 해당합니다. 주변에는 고급 식당과 쇼핑센터 같은 상점도 많이 들어서 있지요.

이런 아빠트에는 주로 어떤 사람들이 살까요? 북한에선 주택도 국가가 무상으로 공급해 주는데, 이곳에는 당 간부급들이 많이 입주합니다. 하지만 최근에 짓는 아빠트는 당원들보다는 과학자와 기술자에게 우선권을 주고 있습니다. 려명거리의 아빠트에는 그 지역에 살던 거주민들과 김일성대학교 교수들, 기술자들이 입주했다고 합니다.

아무리 볼일이 급해도 화장실 문을 그냥 벌컥 열고 들어가면 안 된다는 걸 모르는 사람은 없겠죠? 안에 누가 있을지 모르니까 반드시 노크를 해야 한다는 건 기본 상식이니까요. 북한 사람들은 노크 대신 '손기척'이라는 말을 씁니다. 손으로 기척을 내서 안에 누가 있는지를 확인하는 겁니다.

화장실을 가리키는 말이 참 많습니다. 예전에는 변소라는 말을 많이 썼고, 시골 사람들은 뒷간이라고도 했습니다. 절에 있는 화장실을 뭐라고 부르는지 들어 봤나요? 해우소(解憂所)라고 하는데, 근심을 푸는 곳이라는 뜻을 담아 만든 한자어입니다. 근심을 푸는 곳이라니,

멋스럽고 운치가 있습니다. 북한에서는 화장실을 '위생실'이라고 부릅니다. 위생은 건강을 돌보고 관리한다는 뜻을 가진 말이잖아요. 화장실이 지저분하면 위생에 안 좋으니까 깨끗하게 사용하는 게 당연합니다. 그런 면에서 보면 위생실이라는 말이 화장실이라는 말보다는 볼일 보는 장소라는 뜻에 더 가까울 수도 있겠습니다.

화장실에서 사용하는 화장지는 '위생지' 혹은 '위생종이'라고 합니다. 남한의 기자가 북한을 방문했을 때 가게에 가서 화장지를 달라고 하니까 못 알아듣더랍니다. 장례 때 쓰는 종이를 말하는 거냐고 되물어 기자가 몹시 당황했다고 합니다. '화장'이라는 말에 사람이 죽으면 하는 화장을 떠올리고는 이런 착각을 한 거죠. 남북한에서 쓰임이 다른 말이 있다는 것을 알 수 있는 재미있는 일화입니다.

4부 승부를 가른 십일메터벌차기

문화와 체육

남복한 말모이

18,216 구독

우리 손주, 인터뷰한담서
휴대 전화만 보고 있냐.
아니에요, 할머니!
스마트폰 메모장에
정리하는 거예요.
할멈, 요새 젊은 사람들은
스마트폰으로 별걸 다 한대.
(의심)
진짜야!

맞아요! 요즘 북한에서도
스마트폰을 많이 써요.
'타치'나 '타치폰'이라고
부르거든요.

저희도 조사하면서
봤어요!
'아리랑', '평양',
'진달래'라는 이름으로
스마트폰이
나오더라고요.
응, 나도 평양 타치를 썼었어.

와, 그럼 우리처럼 스마트폰에
게임이랑 동영상 애플리케이션도
다 내려받기가 되는 거예요?

타치폰 프로그램은 '봉사 시장'에
직접 가서 설치했어.
최근에는 '자료 봉사'라는 프로그램에서
다운로드가 가능하다고 해.
나도 그건 못 해 봤지.
절레
절레

프로그램 이름도 조금씩 달라.
문자는 '통보문'이라고 하고,
사진 저장 공간은 '서고'나
'화면 서고'라고 불러.
화면 서고
통보문

지금 유민이가 쓰고 있는 메모장은
'기록장'이라고 해요.
그래~?

누나, 북한 친구들은 놀 때
뭐 하고 놀아요?
혹시 피시방 있어요?

피시방 있지!
'정보 봉사소'라고 하는데,
가서 게임도 해.
깜짝

하지만 남한처럼
온라인 게임을 하는 건 아니야.
봉사소 내에 있는 컴퓨터들끼리만
접속을 할 수 있대.
나도 안 가 봐서….

물놀이장도 있고,
놀이공원도 있지.
사진으로
봤어요!

여기 이 사진이요.

아! 여기는 평양에 있는
'문수 물놀이장'이야.
실내와 야외 물놀이장,
체육관, 편의 시설 등이 있어.

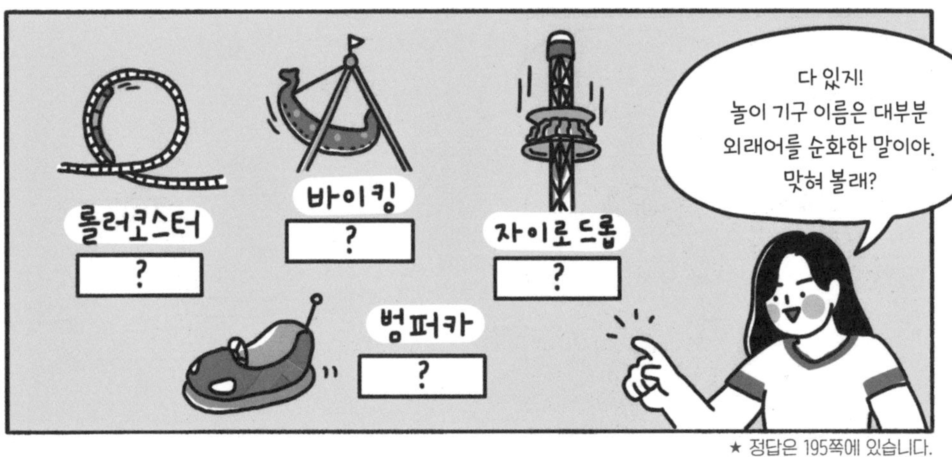

★ 정답은 195쪽에 있습니다.

맞다, 은주야!
너 축구 얘기 좀
해 줘라.
벌떡

맞아, 맞아. 너 그때
마을 운동회에서 막 날아다녔잖니.
너 혼자 골을 몇 골이나 넣었더라?
흐흐
흐흐

언니,
축구 잘해요?
저희도 축구 엄청
좋아해요!

북한에서 학교 다닐 때
청소년 여자 축구부였어.
후후.
와! 대박!

지금도 축구를 좋아해.
남한 와서 축구 경기를 보는데
경기 용어가 달라서
적응이 안 되더라고.

음, 일단 '문지기'를 골키퍼라고 하고,
'머리받기'는 헤딩, '련락'은 패스,
'십일메터벌차기'는 페널티 킥이라고 하고….
역시 외래어를
잘 안 쓰는 구나.
호오!

아예 뜻이 짐작 가지 않는 건
아니지만, 그래도
다르긴 다르네요.
신기해.

만약에 북한 친구들과
너희가 한 팀으로
경기를 한다면 어떨까?

련락하라!
????
이러지 말고,
코너킥을 유도하자.
코너킥?
뭐네?

이런 모습이지
않을까요?

남한과 북한 모두 서로에게
관심을 가져야 통일도 가까워질 거여.
모르는 건 서로 공부해야지!
우리 영감
멋있구먼.

할아버지,
마무리 멘트로
딱인데요!

평창 동계 올림픽 때 현송월 단장이 이끄는 삼지연관현악단이 서울에 와서 공연을 했습니다. 이 공연에서 현송월 단장은 「백두와 한라는 내 조국」이라는 노래를, 가수 서현은 「우리의 소원」을 부른 후 서로 포옹을 하기도 했지요. 그 장면을 보고 많은 사람들이 남북이 연출한 평화 분위기에 박수를 보냈습니다.

북한에서는 대중가요라는 말보다 '군중가요'라는 말을 많이 씁니다. 군중가요는 혁명가요를 비롯해 민요와 서정가요 등을 통틀어 부르는 말입니다. 북한 노래라고 하면 수령을 찬양하거나 혁명 정신을 고취하는 노래가 많다고 생각할 텐데, 우리가 함께 부르고 즐길 수 있는 서정가요도 많습니다.

1990년대 초반에 북한 노래가 소개되면서 많은 인기를 끈 적이 있습니다. 그중 널리 알려진 게 「휘파람」인데, 전혜영이라는 가수가 불러서 북한 젊은이들의 마음과 귀를 사로잡았던 노래입니다. 한 청년이 복순이라는 여자를 좋아해서 매일 그 집 앞을 지나갈 때마다 휘파람을 불곤 했다는 내용이에요. 복순이가 그런 자신의 마음을 알아주기를 바라는 바람이 잘 담겨 있지요. 무엇보다 '휘휘 호호호' 하는 의성어를 활용해서 멜로디가 무척 밝고 경쾌한 느낌을 줍니다. 그래서 남한 가수들도 자주 방송에 나와 이 노래를 따라 불렀어요. 그러다 보니 자연스레 남한에도 이 노래를 좋아하는 사람들이 생겼습니다.

북한 젊은이들도 청춘 남녀의 사랑을 표현한 이런 노래들을 좋아합니다. 그리고 북한 군중가요에는 슬픈 노래가 거의 없습니다. 사회주의 사회의 밝은 면을 보여 주기 위해 낙천성을 강조하기 때문입니다.

화면반주음악실

2018년 8월에 금강산에서 남북 이산가족이 만나는 행사가 있었습니다. 청와대 공식 블로그에 숙소인 금강산 호텔을 소개하는 사진들이 소개됐는데, 식당 메뉴부터 기념품 가게에 진열된 상품까지 다양한 장면들이 사진에 찍혀 있었습니다. 그중에는 '세경 화면반주음악실'이라는 간판이 찍힌 사진도 있었습니다. 업소명 아래에 알파벳으로 'Karaoke(가라오케)'라고 적혀 있기도 했고요. 화면반주음악실이라는 명칭이 낯설긴 하지만, 뜻을 이해하는 데 크게 어려움은 없을 겁니다. 우리가 자주 가는 노래방을 뜻하는 말이거든요.

우리는 예로부터 가무를 즐기는 민족이었다고 합니다. 중국 사람들이 편찬한 역사서에도 이와 관련된 이야기가 실려 있을 정도니까요. 북한 사람들도 춤추고 노래하는 걸 좋아합니다. 그러니 북한에 노래방이 있다는 게 신기한 일은 아닐지도 모르겠습니다. 다만 가라오케라는 일본 말을 영어 철자로 덧붙여 써 놓은 게 특이합니다.

북한에 노래방이 생긴 건 고난의 행군이 끝난 뒤입니다. 수많은 사람이 굶어 죽던 시기가 지나고 경제가 조금씩 살아나면서 장마당을 중심으로 상업이 활발해지던 때였지요. 그러면서 평양 시내 여기저기에 당구장과 노래방 등이 생겼답니다. 평양에 다녀온 사람들이 찍은 시내 사진을 보면, 화면반주음악실 혹은 화면반주음악장이라는 간판이 종종 눈에 띕니다.

청소년들에게 장래 희망을 물어보면 많이 나오는 응답 중 하나가 연예인입니다. 그래서 각종 오디션에 연예인을 꿈꾸는 수많은 청소년들이 모여들곤 하지요. 하지만 인기 연예인으로 성장하는 건 무척 어려운 일입니다. 유명 기획사에 연습생으로 들어갔다가도 데뷔를 포기하는 친구들도 많다고 하니까요.

북한에도 인기 연예인들이 있습니다. 그런 사람들은 대개 '인민배우'나 '공훈배우'라는 칭호를 지니고 있습니다. 여기서 배우는 영화나 드라마에서 연기를 하는 사람이라는 뜻이 아닙니다. 북한 사전에는 배우가 "연기, 화술, 노래, 무용, 교예 등 전문적인 예술적 기량을 가지고 예술 창조에 이바지하는 창조자."라고 적혀 있습니다. 그러니까 북한에서 배우는 연기자와 가수 등 대중 예술가를 통틀어 뜻하는 용어라고 봐야 합니다.

북한에서 배우로 인기를 끌면 당국은 그 배우에게 인민배우나 공훈배우라는 칭호를 줍니다. 인민배우가 가장 높은 칭호이고 그다음이 공훈배우인데요, 북한에서 인민배우는 차관급 대우를 받을 정도로 높은 직책입니다. 앞에서 소개한 「휘파람」을 부른 가수 전혜영도 인민배우 칭호를 받았습니다.

남북이 함께 만나는 행사에서 꼭 부르는 노래가 바로 「반갑습니다」입니다. 이 노래를 부른 가수 리경숙은 공훈배우에 올랐습니다. 그 밖에도 혁명가극 「꽃 파는 처녀」에서 주인공 역을 맡았던 홍영희는 인민배우 칭호와 함께 북한의 1원짜리 지폐에도 등장했다고 하니 얼마나 훌륭한 대우를 받았는지 짐작할 수 있겠죠?

텔레비전을 북한에서는 '텔레비존'이라고 합니다. 컬러텔레비전은 '색텔레비존' 또는 '천연색텔레비존'이라고 하고요. 북한이 처음 천연색텔레비존 방송을 시작한 건 1974년 4월 15일로, 1980년에 시작한 남한보다 6년 정도 빨랐습니다.

북한 텔레비전 방송은 채널이 다양하지 않습니다. 민간 방송국이 없기 때문이지요. 북한에서는 채널이라는 말 대신 '통로'라는 말을 쓴답니다. 북한 텔레비전에는 조선중앙 통로, 만수대 통로, 룡남산 통로가 있습니다. 각각 조선중앙 텔레비존, 만수대 텔레비존, 룡남산 텔레비존에서 프로그램을 만들어 내보내는 채널이지요. 만수대 텔레비죤은 문화와 체육 전문 방송국으로, 주말에만 방송을 합니다. 예전에는 평양에서만 시청이 가능했지만 최근에는 전국으로 방송을 내보내고 있답니다. 조선교육문화 텔레비죤에서 이름을 바꾼 룡남산 텔레비죤은 우리나라 교육 방송과 비슷합니다. 주로 대학생들을 위한 교육물을 내보내고 있습니다. 그 외에도 호텔에서는 외국 방송을 볼 수 있다고 합니다.

북한도 다양한 텔레비전 프로그램을 선보이고 있는데, 아무래도 시청률이 높은 프로그램은 드라마입니다. 북한에서는 드라마라는 말을 안 쓰고 '텔레비죤 련속극' 혹은 '텔레비죤 련속소설'이라고 합니다. 련속소설이라는 말이 재미있죠? 드라마도 소설처럼 꾸며 낸 이야기를 중심으로 하니까 서로 통하는 지점이 있을 겁니다.

북한 아나운서들이 방송하는 걸 본 친구들이 많을 거예요. 북한 아나운서들은 억양이 독특하고 강렬한 표현을 많이 씁니다. 이들은 '방송원'이라고 불린답니다.

컴퓨터를 북한에서는 '콤퓨터'라고 표기합니다. 북한의 영어 발음은 알파벳 발음을 그대로 가져다 쓰는 경우가 많고 그런 원칙에 따라 a는 '아', o는 '오', u는 '유'로 읽곤 합니다. 그래서 배드민턴(badminton)을 '바드민톤'으로, 컴퓨터(computer)는 콤퓨터라고 표기하는 것이지요. 노트북은 노트형 콤퓨터, 줄여서 '노트콤', 태블릿 피시는 '판형 콤퓨터'라고 부릅니다. 최근에 나온 판형 콤퓨터의 이름은 '노을 8'이라고 합니다. 탁아소부터 고급중학교까지의 교과서 내용이 모두 탑재되어 있습니다.

컴퓨터는 다양한 용도로 사용되지만 인터넷이 연결되지 않으면 조금 똑똑한 기계에 지나지 않을 수도 있습니다. 북한은 전 세계 컴퓨터가 연결되어 있는 인터넷을 사용하지 못하게 막은 대신 인트라넷이라는 통신망을 사용합니다. 인트라넷은 특정 집단이나 지역 안에서만 이용할 수 있는 비공개 통신망입니다. 그래서 북한 사람들은 외국 사이트에 접속할 수 없고, 국내망인 인트라넷만 이용할 수 있습니다.

북한에서 사용하는 전국적인 인트라넷을 '광명망'이라고 하는데, 2000년에 개설됐다고 합니다. 광명망을 통해서 북한 주민들은 공공기관이나 교육 기관, 언론사, 기업 등의 웹 사이트에서 제공하는 정보를 이용할 수 있습니다.

북한의 컴퓨터 용어를 좀 더 살펴볼까요?

북 건반	남 키보드	북 왁찐	남 백신
북 회수통	남 휴지통	북 예비 복사	남 백업
북 암호	남 비밀번호	북 마우스 밑판	남 마우스 패드
북 비루스	남 바이러스	북 인쇄기	남 프린터

휴대 전화, 즉 핸드폰이 나왔을 때 이름을 외래어 대신 우리말인 손전화로 순화해서 붙이자는 사람들이 있었고, 지금도 일부 사람들은 그렇게 부르고 있습니다. 하지만 손전화라는 말은 사람들 사이에서 큰 호응을 얻지 못했습니다. 반면, 북한 사람들은 '손전화기'라는 말을 씁니다. 스마트폰은 '지능형 손전화기'라는 말로 부르고요. 하지만 이 공식 명칭은 너무 길어서 쓰기가 불편합니다. 그래서 대부분의 북한 사람들은 스마트폰을 '타치' 혹은 '타치폰'이라고 합니다. 타치(touch)는 우리식 영어 발음으로 하면 터치인데, 손으로 만져서 작동을 시킨다는 뜻입니다.

현재 북한에는 약 500만 대의 휴대 전화가 보급되어 있다고 합니다. 그중에는 2G폰도 있지만 상당수는 스마트폰이랍니다. 평양 시내 풍경을 찍은 사진을 보면 사람들이 휴대 전화를 들고 통화하는 모습을 쉽게 발견할 수 있습니다. 동물원 등에서 타치폰으로 촬영하는 사람들도 흔하고, 거리에도 휴대 전화를 내려다보며 걸어 다니는 사람이 아주 많습니다.

북한이 처음 개발해 선보인 스마트폰은 2013년 출시된 '아리랑'입니다. 그 뒤를 이어 '평양'이 나왔고, 2017년에 성능을 높인 '진달래 3'가 출시되어 지금까지도 인기를 끌고 있습니다. 북한의 정보 통신 기업인 '만경대 기술 정보사'에서 자체 기술로 개발했다고 하며 외형과 디자인이 꽤 고급스럽습니다. 그래서 대학생들과 부유층 사이에서 이 진달래 타치가 빠르게 퍼지고 있답니다. 현대인의 생활필수품이나 마찬가지인 스마트폰이 널리 보급되는 것만 보아도 북한 사회의 변화를 실감할 수 있습니다.

봉사 시장

뜻 애플리케이션을 판매하는 오프라인 시장

스마트폰이 제 기능을 하려면 다양한 프로그램이 있어야 합니다. 기본 프로그램 외에도 최신 애플리케이션을 다운받아서 깔면 더욱 편리하게 사용할 수 있지요.

북한의 스마트폰에도 여러 프로그램이 깔려 있습니다. 스마트폰으로 문자 전송은 물론 사진이나 동영상도 찍을 수 있고, 재미있는 게임도 즐길 수 있습니다. 다만 애플리케이션을 설치하는 것은 쉽지 않습니다. 우리는 스마트폰에서 앱 스토어에 접속한 다음 필요한 프로그램을 다운받으면 되지만, 북한에서는 온라인으로 프로그램을 다운받을 수 없습니다. 귀찮더라도 '봉사 시장'이라는 곳에 실제로 가서 돈을 내고 설치해야 됩니다. 당국의 검열을 통과한 애플리케이션만 깔 수 있기 때문입니다. 외국과 인터넷 연결을 못 하게 하는 보안 조치와 마찬가지인 거죠. 평양 사람들은 보통 '능라도 정보기술 교류사'라는 곳에 있는 봉사 시장을 주로 이용한다고 해요. 그러다가 최근에는 앱 스토어와 비슷한 '자료 봉사 2.0'을 설치한 다음 게임과 전자책 등을 다운받을 수 있게 했답니다.

북한 스마트폰에 깔린 프로그램과 애플리케이션 이름 가운데도 우리가 쓰는 말과는 다른 말들이 여럿 있습니다. 문자는 '통보문', 메모장은 '기록장', 계산기는 '수산기'라고 합니다. 인트라넷은 '열람기'로 표기되어 있고요. '서고' 혹은 '화면 서고'라고 하는 프로그램도 있는데, 바로 사진이나 동영상을 저장하는 곳입니다.

애플리케이션 중에서 가장 많은 인기를 끄는 건 '길동무'와 '봄향기'입니다. 길동무는 길을 안내하는 내비게이션인데, 그만큼 자동차가 늘고 여행 제한이 완화되었다는 걸 알 수 있습니다. 봄향기는 사진을 보정해 주는 프로그램입니다. 북한 사람들도 스마트폰으로 셀카를 찍은 다음 봄향기 애플리케이션을 이용해서 더 멋지고 예쁜 사진으로 만든다고 합니다.

북한에도 피시방이 있어요. 다만 이름은 우리와 달라서 생소하게 들릴 수 있습니다. '정보 봉사소' 혹은 '컴퓨터 교육실'이라는 간판을 달고 있습니다. 전국 어디에나 있는 건 아니고 주로 평양의 고급 아파트 단지 주변에 있다고 합니다.

정보 봉사소 안에는 20~30대 정도의 컴퓨터가 있는데, 외부 컴퓨터와는 연결되지 않고 정보 봉사소 내부에 있는 컴퓨터끼리만 접속할 수 있답니다. 그래서 게임을 하더라도 같은 정보 봉사소 안에 있는 이용자들과만 할 수 있습니다. 그러다 보니 게임에서 진 사람이 화가 나면 같은 방에 있는 이용자를 찾아가서 행패를 부리기도 한답니다. 전략을 세워 상대를 공격하는 전쟁 시뮬레이션 게임을 주로 한다고 하고요.

북한에도 밤새 게임을 하고 학교에 와서는 책상에 엎드려 자는 친구들이 있는 모양입니다. 2019년 1월 북한 『로동신문』에 '세계적 우려를 자아내는 오락 의존증'이라는 제목의 기사가 실렸는데요, 게임 중독을 오락 의존증이라고 표현한 게 눈에 띕니다. "전자오락에 심취되어 학업을 등한시하고 현실적 사고 능력과 사회 적응 능력을 키우지 못하고 있다."라는 내용의 기사였습니다.

여름에는 물놀이가 최고입니다. 그래서 뜨거운 여름에는 바닷가를 찾거나 수영장을 찾아가곤 합니다.

북한에서는 수영장을 '물놀이장'이라고 하는데요, 일반 물놀이장 말고도 워터 파크와 같은 최첨단 물놀이장들도 있습니다. 만경대 물놀이장, 릉라 물놀이장, 문수 물놀이장 등 대형 물놀이장이 평양에만 세 개가 있다고 합니다.

물놀이장 중에서 가장 시설이 좋은 곳은 2013년에 개장한 문수 물놀이장입니다. 김정은 국무위원장이 직접 지도해 건설한 곳으로도 알려져 있지요. '물미끄럼대'라고 불리는 대형 슬라이드와 회전형 슬라이드, 파도가 치는 풀장, 바닷물을 끌어 들인 풀장, 인공 폭포 등 다양한 놀이 기구와 시설이 갖추어져 있습니다. 추울 때 이용할 수 있는 실내 풀장과 국제 대회를 할 수 있는 규모의 수영 경기장은 물론 패스트푸드를 파는 상점과 휴식을 취할 수 있는 사우나 시설 등도 있고요. 북한 당국이 외국인에게 자랑스럽게 내세우는 곳 중 하나라고 합니다. 인터넷으로 검색을 해 보면 화려한 시설을 갖춘 북한 물놀이장 사진을 쉽게 찾을 수 있습니다.

아무래도 입장료가 비쌀 수밖에 없을 텐데도 외국인 관광객뿐만 아니라 주민들도 많이 찾는다고 하니, 신흥 부유층이 그만큼 늘어났다는 걸 알 수 있습니다.

북한의 놀이공원으로 구경을 가 볼까요? 북한에서는 놀이공원을 '유희장'이라 부릅니다. 한자어 '유희'는 놀이라는 뜻을 담고 있습니다. 그러므로 유희장은 놀이를 즐기는 곳이라는 뜻이 담긴 이름인 셈입니다.

평양에는 유희장이 여러 곳 있습니다. 평양 최초의 대형 유희장은 1977년 세워진 대성산 유희장이고, 이어서 1982년에 만경대 유희장이, 1984년에는 개선 청년 공원 유희장이 들어섰습니다. 그 후 2012년에 릉라 인민 유원지 안에도 유희장이 만들어졌지요.

만경대 유희장은 고난의 행군 시기에는 찾는 사람도 없고 관리할

비용도 없어 폐허가 되다시피 했습니다. 그러다가 김정은 국무위원장이 직접 잡초를 뽑으며 보수 작업을 지휘하면서 본래의 모습을 되찾았다고 합니다. 약 50종의 놀이 기구가 있고, 하루에 수용할 수 있는 인원이 10만 명이라고 합니다. 그래서 요즘은 평양 시민과 외국인, 지방에서 평양을 방문하는 사람들이 즐겨 찾는 장소가 되었습니다.

북한의 유희장은 놀이공원 하면 떠오르는 웬만한 놀이 기구는 다 갖추고 있습니다. 기구 이름은 조금 다르지만요. 자이로 드롭을 '급강하탑'이라고 하는 건 쉽게 이해할 수 있겠죠? 롤러코스터는 '관성렬차' 혹은 '회전관성렬차'라고 부르고, 바이킹은 '배그네'라고 부릅니다. 회전목마는 '회전말', 범퍼카는 '전기자동차'라고 합니다.

서울에 한강이 있다면 평양에는 대동강이 있습니다. 한강에 유람선이 떠다니는 것처럼 대동강에도 유람선이 있을까요? 대동강에는 두 척의 유람선이 있다고 알려져 있습니다. 먼저 '대동강호'라는 이름의 배인데, 유람선이 아니라 '식당배'라는 이름으로 불리고 있습니다. 2013년에 첫 운행을 시작한 이 배는 2층으로 되어 있으며, 연회장으로 이용하는 2층 식당은 300명 정도 인원을 수용할 수 있다고 합니다. 연회장은 결혼식이나 생일잔치, 단체 연회 등을 할 때 쓰입니다. 운행 횟수는 오후에 2번, 저녁에 2번, 운행 시간은 한 시간 정도입니다. 대동강 주변의 평양 경치를 즐기기에 안성맞춤입니다.

대동강을 떠다니는 배로는 '무지개호'도 있는데, 이 배는 '종합 봉사선'으로 불립니다. 이름처럼 식당만 운영하는 게 아니라 민족 료리 식당, 커피 봉사실, 야외 갑판 식당, 회전 전망 식당, 상점 등의 봉사 시설들이 갖춰져 있다고 합니다. 무대 위에서 공연도 열리고요. 대동강호보다 훨씬 규모가 큰 초호화 유람선이라고 할 수 있습니다. 모두 4층으로 되어 있고 연회장에서 한꺼번에 1,200명 이상이 식사를 할 수 있다고 합니다.

무지개호는 북한이 자랑하는 유람선입니다. 2015년 10월 5일에 개업식을 가졌는데, 조선로동당 창건 70주년에 맞추어서 만든 것이라고 합니다. 외국에서 온 사절단을 위해 연회를 베푸는 곳으로도 많이 이용하고 있습니다. 무지개호를 대동강에 띄운 다음 해에는 기념우표도 만들었다고 합니다.

리듬 체조를 북한에서는 '예술체조'라고 합니다. 리듬 체조는 유연하고 아름다운 동작 때문에 예술적인 스포츠 종목으로 불립니다. 그래서 예술체조라는 이름이 어색하지 않게 다가옵니다.

리듬 체조 하면 누가 먼저 떠오르나요? 리듬 체조의 여왕이라고 불리는 손연재 선수가 떠오를 겁니다. 북한에서는 이미 오래전에 국제 대회에서 뛰어난 성적을 올린 선수가 있었습니다. 바로 리경희 선수입니다. 1990년 일본 도쿄에서 열린 4대륙 리듬 체조 선수권 대회에서 개인 종합 3위(공 종목 1위)를 했고, 1991년 영국 셰필드에서 열린 유니버시아드에서는 3관왕(개인 종합, 공, 곤봉 각 1위)을 차지했습니다.

이처럼 뛰어난 성적을 거두어서 국제 스포츠계에서도 유명한 선수였답니다. 북한 당국은 이런 공로를 인정해서 리경희 선수에게 '공훈체육인'이라는 영예로운 호칭을 수여했습니다.

리듬 체조에서는 리본, 곤봉, 후프, 공, 줄 이렇게 다섯 가지 기구를 사용합니다. 그런데 곤봉과 공을 제외한 나머지 기구는 우리와 북한의 명칭이 다릅니다. 북한에서는 리본을 '댕기', 후프는 바퀴라는 뜻의 '륜(輪)', 줄은 '뜀줄'이라고 합니다. 북한에서는 줄넘기 대신 '뜀줄'이라는 말을 많이 씁니다. 학교에서 쉬는 시간에 뜀줄 놀이를 하며 노는 친구들이 많답니다.

2018년 평창 동계 올림픽 여자 아이스하키 종목에서 남북 선수들이 단일팀을 구성해 출전했습니다. 남북한 선수들이 서로 사용하는 경기 용어가 달라서 의사소통을 돕기 위한 용어집을 만들어 공유했다고 합니다.

우선 북한에서는 동계 올림픽이나 하계 올림픽이라는 말 대신 '겨울철 올림픽'과 '여름철 올림픽'이라는 말을 씁니다. 올림픽은 국가대표 선수들이 출전하는 경기입니다. 북한에서는 국가 대표를 '종합선수단'이라고 합니다. 선수들이 합숙하면서 훈련하는 공간인 선수촌은 '체육촌'이라 부르고요. 선수들을 지도하는 코치나 감독은 '지도원', 팀에서 경기를 이끌어 가는 주장이나 에이스급 선수는 '기둥 선수'라고 합니다.

겨울 스포츠 종목 이름에 대해서도 알아볼까요? 스케이트는 '스케트', 스피드 스케이팅은 '속도빙상경기', 쇼트 트랙은 '짧은주로 속도빙상경기'라고 합니다. 너무 긴 이름이죠? 피겨 스케이팅은 '휘거'라고 하는데, 휘거는 영어 '피겨(figure)'를 북한식으로 발음한 겁니다. 피겨 스케이팅 중에서 남녀 선수가 짝을 이루어 출전하는 페어 종목은 '휘거 쌍경기'라고 합니다. 둘이 쌍을 이루어 하는 경기라는 뜻으로 만든 말입니다.

그럼 앞에서 얘기한 아이스하키는 북한에서는 뭐라고 할까요? '빙상호케이'라는 독특한 말을 씁니다. 북한에서는 하키를 '호케이'라고 하는데, 이는 영어 '하키(hockey)'의 러시아 발음에서 온 말로 알려져 있습니다.

현대 스포츠는 대부분 서양에서 들어왔기 때문에 경기에 쓰이는 용어들도 외래어가 많습니다. 하지만 북한에서는 외래어를 가능하면 우리말로 바꿔서 쓰는 쪽을 선호하지요. 축구 경기에서 골키퍼를 '문지기'라고 하는 식으로요. 그렇다고 해서 북한 사람들이 외래어를 전혀 쓰지 않는 건 아닙니다. 두 가지 용어를 병행해서 쓰는 경우가 많습니다. 문지기라는 말도 쓰지만 '꼴키퍼'라고도 한답니다. 북한에서는 골을 된소리로 발음해서 '꼴'이라고 합니다. 그래서 골대도 '꼴대' 혹은 '꼴문대'라고 합니다.

축구 경기에서 쓰이는 말을 비교해 볼까요?

북	남	북	남
꼴	골	련락, 파스	패스
꼴대, 꼴문대	골대	몰기	드리블
머리받기	헤딩	구석차기, 코너키크	코너킥

외래어 발음이 우리와 같은 것도 있고 다른 것도 있습니다. 프리킥은 '벌차기'나 '벌칙차기', 혹은 '프리키크'라고 하는데요, 그렇다면 페널티 킥은 뭐라고 할까요? '십일메터벌차기' 혹은 '페널티키크'라고 합니다. 페널티 킥을 찰 때 골대와 공을 차는 지점의 거리가 11미터이기 때문에 십일메터벌차기라는 용어가 만들어졌습니다.

또, 공격수는 남한과 북한 모두 공격수라 부르지만 수비수는 북한에서 '방어수'라고 합니다. 운동장 중간에서 수비를 하는 미드필더는 '중간방어수'라고 부릅니다.

반칙을 했을 때 심판이 내미는 옐로카드를 북한에서는 '노란딱지' 혹은 '경고표'라 부르고, 레드카드는 '빨간딱지' 혹은 '퇴장표'라고 합니다.

헤염옷

북한에서는 수영이라는 말도 쓰지만 '헤염'이라는 말을 더 많이 씁니다. 수영복은 '헤염옷'이라고 하는데, 우리가 쓰는 헤엄이라는 말과 표기가 조금 다르지요. 북한에서는 'ㅓ' 모음 대신 'ㅕ' 모음을 쓰는 경우가 많은데, 헤엄을 헤염으로 표기하는 것 역시 그런 예에 해당합니다.

수영 경기에도 여러 종목이 있습니다. 남한에서는 이 종목들에 모두 한자어를 사용해서 자유형 혹은 자유영, 배영, 평영, 접영이라 이름 붙였습니다. 북한에서도 같은 한자어를 쓰기는 합니다. 다만 자유형이라는 말 대신 '자유영'이라는 말만 쓰고, 접영 대신 '나비영'이라고 합니다. 이와 함께 우리말로 된 용어도 사용합니다. 자유영은 '빨헤염', 배영은 '누운헤염', 평영은 '가슴헤염' 혹은 '개구리헤염', 접영은 '나비헤염'이라고 한답니다.

"3번 레인을 출발한 우리 선수가 드디어 2번 레인 선수를 앞지르기 시작했습니다."

수영 경기를 보면 아나운서가 이런 식으로 중계방송을 하는 것을 들을 수 있습니다. 북한의 중계방송이라면 아나운서가 어떻게 말할까요? '3번 레인' 대신 '3번 헤염길'이라고 할 겁니다. 수영을 하는 자기 구역, 즉 레인을 북한에서는 '헤염길'이라고 합니다.

또 우리는 일반인이 수영하는 곳이나 선수들이 경기하는 곳을 모두 수영장이라고 하는데, 북한에서는 일반인들이 즐기는 곳은 물놀이장, 선수들이 경기하는 곳은 수영장이라고 구분해서 말합니다.

5부
일상생활
우리 같이
산보할까?
남북한 말모이
76,782
구독

촬영 시작할게!
짝짝
후 후 후
떡볶이~
유민
나은
영호
아영
오늘은 우리가 각자 조사한 내용으로 서로 문제를 내 보기로 했어요.
여러분들도 같이 풀어 봐요!
영호
유민
꼴등은 떡볶이 쏘기! 난 얻어먹겠지~.
설마 내가 사는 건 아니겠지…. ㅠ.ㅠ
무서워 이 경쟁.
나은
아영

제가 먼저 시작할게요.
저번에 은주 언니 만났을 때
따로 인터뷰한 영상이 있는데,
잠시 볼까요?

내가 남한에 와서
처음 미용실에 갔을 때야.
머리를 자르려는데
자꾸 머리를
감자는 거야.
자르기만 하면
되는데….

근데 알고 보니….
여기서!

은주 언니는 왜 머리를
감자는 말에
당황했을까요?
두
둥

아….
또 언제 인터뷰를
해 놨대.
누나,
정답을 알려 줘.
흐음

나! 어디선가 봤어.
북한에서는 머리를 감는다는 말이
파마를 한다는 뜻이기 때문이야!
정답!

나중에 알고 보니까
머리는 빠는 걸 여기서는
감는다고 하더라고.
그 후론
감자고 하면
"네~." 하지.
☆ 정 답 ☆

제가 맞혔으니까
다음 문제는 제가 낼게요.
헤헤.

역사 선생님께서 설명해 주신 공민증 기억나나요?
공 민 증

공민증에는 혈액형이
기록되어 있어요.
여기서 문제! 북한에서는
혈액형을 뭐라고 할까요?
공민증

삐, 정답!
피형!
오호.

그리고 혈액 순환은
'피돌기'라고 하지.

오, 거기까지?
대단한데.

후후…
그쯤이야.
나도 준비 좀 했지!
그럼 다음 문제예요.
이 영상을 봐 주세요.

동무,
와 이리 몸이 까졌네?
볼이 훌쭉하구만.
감기에 걸려서
며칠 고생하니 이리 되었디.
동무는 좋아 보이는구만 기래.

내레 물만 먹어도 몸이 나는
체질이라 그렇지 않간.

여기서 문제!
'몸이 까지다'와
'몸이 나다'가
무슨 뜻일까요?

다치다?
흐음.
아, 그거!

나, 정답!
'살이 빠지다'와
'살이 찌다'!

딩동댕
정답! 좀 어려웠죠?
'몸이 까지다'는
'살이 빠지다'이고,
'몸이 나다'는
'살이 찐다'는
뜻이에요.

후 후 후
떡볶이.
와
굉장한
집념….

마지막은 나지?
이 문제 어려우니까
다들 기대해요.

마라톤 알죠?
이 마라톤 경기를
북한에서는
뭐라고 부를까요?

마라톤?

지구력 뛰기!
땡!
긴 거리 달리기!
땡!
오래 뛰기!

정답은~
백공오리,
혹은 마라손입니다.

마라톤 거리를 리 단위로 바꾸면 105리 정도인데,
북한에서는 105를 '백공오'라고 읽어.
그래서 마라톤이 '백공오리'지.
떠벌
떠벌
그게 뭐야!

안 그래도 뭘 낼지 고민했는데,
이건 모르겠지 싶더라고.

맞아, 모르겠더라.
하지만 너 문제를 하나도 못 맞혔지.
떡볶이 당첨!
???
떡볶이

어디서 먹지?
유민이가 쏜다!
얼른 가자!
질
질

북한 사회에서도 요즘은 여성의 사회 활동이 활발합니다. 직업을 가지고 활동하는 것을 당연하게 생각하고, 웬만하면 결혼 후에도 직장 생활을 하려고 합니다. 경제적인 이유도 있지만 자신의 능력을 발휘하고 싶은 성취욕도 있기 때문입니다.

북한에는 가정주부라는 말이 없습니다. 대신 북한 사전에는 '가정부인'이라는 말과 함께 '가두녀성(街頭女性)'이라는 낯선 말이 올라 있습니다. 가두는 보통 길거리라는 뜻으로 사용하는 말인데, 왜 가두녀성이 가정주부를 가리키는 말이 되었을까요? 북한에서는 가두를 길거리라는 뜻만 아니라 살림집이 들어서 있는 지역을 뜻하는 말로도 사용합니다. 그래서 가정주부를 가두녀성이라고 부르기 시작했다고 합니다.

그렇다면 맞벌이 부부를 가리키는 말도 따로 있을까요? 북한에서는 맞벌이 부부를 가리켜 '직장세대'라고 부릅니다. 남편과 아내가 모두 직장에 다닌다고 해서 그렇게 부른답니다. 북한에서는 남편을 가리킬 때 세대주라는 말도 종종 씁니다. 세대는 한집에 같이 사는 사람들을 가리키고, 세대주는 세대를 대표하는 사람이라는 뜻입니다. 남편을 세대주라고 부르는 데서도 알 수 있듯이 북한은 남성 중심의 가부장 의식이 강한 사회입니다. 고난의 행군 이후 여성들이 경제를 담당하는 일이 많아졌고, 최근에야 여성의 목소리가 커졌다고 합니다.

2018년 9월 4일, SBS에서는 신의주 화장품 공장을 보여 주는 조선중앙TV 방송을 소개했습니다. 북한 최초의 화장품 공장이라는 신의주 화장품 공장은 기계화 공정을 거쳐 현대적인 제품을 생산하고 있답니다. 여기서 생산하는 화장품들은 모두 '봄향기'라는 상표를 달고 있으며, '봄향기' 화장품은 중국에서도 알아준다고 합니다. 다양한 종류의 화장품을 생산하고 있는데, 그중에는 '미안막'이라는 제품도 있습니다. 이름만 듣고는 무슨 제품인지 짐작하기 어렵지요? 미안막은 피부가 좋아지는 마스크 팩을 가리키는 말입니다. 북한 공장에서 일하는 한 여성은 방송을 통해 다음과 같이 말했습니다.

"우리 직장에서 생산하고 있는 이 미안막의 수요가 대단히 높습니다. 이 미안막은 사람들 얼굴의 잔주름을 없애고, 살갗을 보드랍게 해 줍니다."

미안(美顏)은 아름다운 얼굴이라는 뜻입니다. 북한에도 피부를 관리해 주는 피부 관리실이 있는데, '미안실'이라 불립니다. 미안막과 미안실이라는 말이 낯설게 느껴지나요? 미안막을 하고 미안실에 앉아 있는 사람들을 떠올려 보세요. 남한의 피부 관리실 풍경과 크게 다르지 않을 겁니다.

화장품 이름은 대부분 외래어로 되어 있지만 북한에는 우리말 이름이 붙은 화장품이 많습니다.

'살결물'이라는 말을 들어 보았나요? 살결에 바르는 물 혹은 살결을 좋아지게 만드는 물이라는 뜻이라 짐작했을 겁니다. 살결물은 스킨로션을 가리키는 말이고, 살결물 대신 미안수나 화장수라는 말을 쓰기도 합니다. 그럼 로션은 북한에서 뭐라고 부를까요? '물크림'이라고 합니다. 북한 화장품 용어에는 크림이 들어간 말이 몇 개 있습니다. 핸드크림은 '손크림', 선크림은 '해빛방지크림'이라고 부릅니다. 북한에서는 사이시옷을 쓰지 않기 때문에 햇빛이 아니라 '해빛'

이라고 씁니다.

입술에 바르는 립스틱은 '입술연지', 손톱에 칠하는 매니큐어는 '손톱물감'이라고 합니다. 그렇다면 아이섀도를 가리키는 이름도 따로 있겠죠? '눈등분'이라고 하는데, 눈등에 바르는 분이라는 뜻입니다. 눈썹을 그리는 아이브로펜슬은 '눈섭먹' 혹은 '눈섭연필'이라고 합니다. 눈썹을 '눈섭'이라고 하는 것도 다른 점입니다.

북한 화장품 중에 '분크림'도 있습니다. 바로 비비 크림입니다. 최근 북한 여성들 사이에서 큰 인기를 끌고 있다고 해요. 북한 지역은 남한보다 찬 바람이 강하게 불어 피부가 상하기 쉬운데, 분크림을 바르면 피부를 보호하는 데 좋다는 소문이 퍼져서 분크림이 인기를 얻게 되었다고 합니다.

2018년 방북 예술단이 공연을 하러 평양에 갔습니다. 일행이 묵은 숙소는 평양에서 제일 고급스럽다는 고려 호텔이었다고 합니다. 이 공연을 취재했던 신문사는 기사를 통해 호텔 내부의 모습을 이렇게 소개했습니다.

> 또 다른 곳에는 목욕 제품들이 놓여 있었는데 고려 호텔 로고가 붙은 일회용 용기에는 우리의 샴푸와 린스에 해당하는 '머리물비누', '머리영양물비누' 등의 북한식 표현이 새겨져 있었다.
>
> —『서울신문』, 2018년 4월 4일 자 기사

북한에서는 샴푸를 머리물비누, 린스를 머리영양물비누라고 한다는 걸 알 수 있습니다. 외래어 대신 우리말을 사용해서 새로운 말을 만들다 보니 이처럼 이름이 길어지곤 합니다. 대신 자세히 풀어서 쓴 형태라 무얼 가리키는 말인지 어렵지 않게 이해할 수 있습니다.

머리와 관련해서 재미있는 표현이 있습니다. 우리는 머리를 감는다고 하지만 북한에서는 '머리를 빤다'고 한답니다. 북한 이탈 주민이 미용실에 갔다가 겪은 일을 소개한 적이 있습니다. 머리를 자르러 미용실에 갔는데 미용사가 머리를 감을 거냐고 묻기에 그럴 생각이 없다며 거부했다고 해요. 의아한 표정을 짓는 미용사를 뒤로하고 미용실을 나왔는데 나중에야 그 질문의 뜻을 알게 되었다고 합니다. 북한에서 '머리를 감는다'는 말은 바로 머리를 만다, 즉 '파마를 한다'는 의미입니다. 파마는 머리카락을 감아올리는 것과 비슷하잖아요. 그 사람은 파마를 하러 간 게 아니니 머리를 감겠느냐는 말에 당연히 손사래를 쳤던 겁니다.

북한에서는 염색약을 '머리물감'이라고 합니다. 그런데 자유로운 머리 염색은 금지되어 있다고 해요. 흰머리를 검은 머리로 염색하는 건 괜찮지만 노랗거나 빨갛게 물을 들이는 염색은 단속의 대상입니다. 그래도 최근에는 젊은 여성들이 단속을 무릅쓰고 갈색 염색 머리로 다니는 모습을 많이 볼 수 있다고 합니다.

북한의 이발소나 미장원 벽에는 다양한 머리 모양 사진이 걸려 있습니다. 손님이 그중 하나를 선택하면 그 모양대로 머리를 해 준다고 합니다. 머리 모양도 규격을 정해 놓고 있는 셈입니다. 남자 머리에는 물결형, 구름형, 파도형, 부채형 등이 있고, 여자 머리에는 보름달형, 포도형, 봉우리형, 물결형 등이 있습니다.

요즘 북한의 젊은 남성들 사이에는 패기머리가 유행이라고 합니다. 패기머리는 옆머리와 뒷머리를 직선으로 올려 치듯이 짧게 깎은 머리를 말합니다. 김정은 국무위원장의 머리 스타일이 바로 패기머리입니다. 최고 지도자의 이미지를 흉내 내려는 젊은이들이 패기머리를 하고 다닌다고 합니다. 북한의 젊은 여성들이 많이 하는 머리 스타일은 머리 중간에 강한 파마를 넣은 함박꽃머리, 짧은 머리를 양털처럼 곱실하게 한 양털머리, 앞머리를 내린 단발 형태의 대학생머리 등이라고 합니다.

머리 이야기가 나온 김에 몇 가지 낱말을 더 살펴보겠습니다. 짱구를 북한에서는 '남북머리'라고 합니다. 머리의 앞뒤가 툭 튀어나온 것을 남북으로 표현한 말입니다. 갈래머리는 '쌍태머리' 혹은 '량태머리'라고 합니다. 양쪽으로 갈라진 머리 모양이라는 뜻에서 나온 말입니다.

북한 여성들 사이에서는 한때 '직발머리'가 유행했다고 합니다. 직발머리란 스트레이트파마로 곧게 편 머리 모양을 말해요. 한국 드라마에 나오는 여주인공의 머리 스타일을 따라 직발머리를 한 북한 여성들이 생활총화 시간에 비판을 받는 일도 있었다고 합니다.

"와 그리 몸이 까졌네? 볼이 아주 홀쭉해졌구만."

"몸이 안 좋아 오래도록 누워 지냈더니 이리되지 않았간. 그러는 동무는 그새 몸이 더 좋아진 듯 보이누만."

"내레 맹물만 먹어도 몸이 나는 체질이라서 그렇지 않간."

대화 중에 '까지다'라는 말이 나오는데, 우리가 사용하는 말과는 의미가 다릅니다. 북한에서는 '몸이 까지다'라는 말을 '살이 빠지다'의 뜻으로 씁니다. 반대로 살이 찌는 건 '몸이 나다'라고 합니다. 우리는 '살찌다'라는 말을 사람이든 동물이든 가리지 않고 쓰지만 북한에서는 동물에게만 ‘살찌다’라는 표현을 사용하고, 사람에게는 ‘몸이 나다’라고 표현한다고 합니다.

다이어트를 북한식 표현으로 하면 ‘몸까기’가 되는데요, 다른 말로 ‘살까기’라고도 합니다. 북한 사람들도 다이어트를 할까요? 북한에 다녀온 기자가 기념품 가게에 가서 ‘뽕잎싸락’이라고 적힌 제품을 보고 어디에 쓰는 거냐고 물었더니 아래와 같이 대답하더랍니다.

“살이 많아서 숨쉬기 곤란한 분들 계시잖습니까? 그런 분들 살을 까게 하여 준다 말입니다.”

남이나 북이나 살 때문에 고민하는 사람들이 많은 모양입니다. 몸까기를 하겠다고 굳게 결심하고 하루도 안 되어서 밤에 꼬부랑국수를 끓여 먹는 학생들이 있을지도 모르겠군요.

북한에서는 화장지를 위생지 혹은 위생종이라고 한다고 했지요? '위생'이 들어간 말로 '위생대'도 있습니다. 눈치 빠른 친구들은 알아차렸을 텐데, 바로 생리대를 가리키는 말입니다. 북한 여성들이 1회용 생리대를 사용하기 시작한 건 2000년대 이후입니다. 처음에는 중국산 제품을 많이 썼지만 지금은 북한에서 생산한 위생대도 품질이 좋아져서 더 이상 중국산을 찾지 않는다고 합니다. 북한 상점에 가면 밀화부리, 봉선화, 대동강 등의 상표가 붙은 위생대를 살 수 있습니다.

북한 식당에 가서 음식을 먹고 난 후 봉사원에게 냅킨을 갖다 달라고 하면 알아듣지 못합니다. 북한 사람들은 냅킨이라는 말을 안 쓰고 '내프킨'이나 '종이수건', '입종이'라고 하기 때문입니다. '입종이'는 입을 닦는 종이라는 뜻으로 만든 말이라는 걸 알 수 있겠죠? 북한 식당에 갔던 남한 사람이 봉사원이 냅킨을 건네며 입종이라고 하자 입 정리를 하라는 말인 줄 알았다는 이야기가 있습니다. 입종이라는 말은 냅킨뿐만 아니라 휴대용으로 가지고 다니는 일회용 휴지도 가리킵니다. 북한 상점에서는 작은 비닐봉지로 포장된 입종이를 판매하고 있습니다.

물휴지 혹은 물티슈도 있는데 북한에서는 티슈라는 말을 안 씁니다. 북한 상점에서 판매하는 일회용 물티슈 겉면에는 '1회용 물수건'이라고 적혀 있습니다. 우리말을 그대로 잘 살려 지은 상품명이지요?

북한 주민들의 신분증인 공민증에는 '피형'이 기록되어 있습니다. 피형이 무엇이냐고요? 바로 혈액형입니다. 긴급 의료 상황이 발생했을 때를 대비해 공민증에 피형을 기록해 놓은 것이 아닐까 짐작돼요.

2018년 자카르타에서 열린 아시안 게임 때 남북 공동 응원단에 참가했던 사람이 북한 응원단과 대화를 나눈 적이 있는데, 그중 한 명이 피형이 뭐냐고 물어보더랍니다. 처음에는 피형이 무슨 말인지 몰랐고 대화를 한참 나누고서야 혈액형을 뜻하는 말이라는 것을 알았다고 합니다. 또 북한에서도 혈액형에 따라 사람의 성격을 짐작하는 습관이 있다는 걸 알고 신기하게 여겼다고 합니다.

"동무는 피형이 어떻게 되오?"

"남의 피형을 알아서 뭐 하려고 물어보는 거요?"

"동무 성격이 깐깐한 걸로 봐서 AB형 같은데, 그렇지 않소?"

북한 사람들의 대화를 잠깐 상상해 봤는데요, 재미 삼아 혈액형에 따른 성격 구분을 해 볼 수는 있지만 과학적 근거는 없으니 너무 믿어서는 안 되겠죠?

북한에서는 혈액 순환을 '피돌기'라고 합니다. 피돌기는 국어사전에도 있는 말이긴 하지만 우리는 혈액 순환이라는 말을 더 많이 씁니다. 우리와 다른 건 '붉은피알'과 '흰피알'이라는 말입니다. 적혈구와 백혈구를 가리키는 말인데, 우리도 예전에는 붉은피톨과 흰피톨이라는 말을 쓴 적이 있습니다. 한자어에 밀려서 지금은 거의 쓰지 않고 있지만요. 밤알을 밤톨이라고도 하는 것처럼 피알과 피톨은 서로 통하는 지점이 있는 말입니다. 알과 톨은 모두 작고 동그란 것을 가리키는 말로 쓰이니까요.

의사가 깔따를 들고 환자를 진료하고 있습니다. 깔따를 살펴보던 의사가 환자에게 묻습니다.

"이번 참엔 어디레 아파서 오신 기야요?"

그러자 환자가 오른쪽 볼을 감싸며 이렇게 대답합니다.

"이쏘기가 너무 심해서 참을 수가 없지 않갔습니까."

"그렇다믄 입을 한번 '아' 하고 벌려 보시라요."

입안을 이리저리 들여다보던 의사가 차분한 목소리로 말합니다.

"오른쪽 웃이가 많이 썩었구만요. 삭은이 치료부터 합시다레."

북한에서 치과 치료를 받는 상황을 상상해 보았습니다. 북한에서는 치과라는 말 대신 '구강과'라는 말을 씁니다. 의사와 환자가 나눈 대화를 얼마나 이해할 수 있나요? 우선 '깔따'는 환자의 치료 기록을 적어 놓은 차트를 뜻하는데, 러시아에서 온 말입니다. '이쏘기'란 치통을 뜻하는 말이고요. 무엇인가로 이를 날카롭게 쏘는 것처럼 아프다고 해서 만들어진 말이지요. 같은 방식으로, 귀가 아픈 것은 '귀쏘기'라고 합니다.

다음에는 '웃이'와 '삭은이'를 알아볼 차례군요. 웃이는 윗니, 삭은이는 충치를 말합니다. 우리는 윗니, 아랫니, 어금니, 삭은니처럼 '이'가 뒤에 붙으면 '니'가 되는데, 북한에서는 '이'를 '니'로 바꾸지 않고 그대로 씁니다. 또 이를 낮잡아 이를 때 쓰는 말인 이빨을 북한 사람들은 '이발'이라고 합니다.

"영숙 동무, 토요일에 대동강에 가서 산보나 합시다레."

"좋습네다. 그런데 날씨가 어떨지 모르겠시요."

우리는 산보 대신 산책이라는 말을 많이 씁니다. 산책이라고 하면 건강을 위해 가볍게 걷는 것을 뜻하지만 북한에서는 산보라고 할 때 걷는 것 외에 다른 의미도 있다고 합니다. 위 대화에서 산보를 하자는 건 데이트를 하자는 말이거든요.

북한에서도 청춘 남녀들이 데이트를 많이 합니다. 예전에는 결혼하지 않은 남녀가 손을 잡고 다니는 걸 좋지 않게 여기던 시절도 있었습니다. 하지만 최근에는 거리에서 손을 잡거나 팔짱을 끼고 다니는 모습을 어렵지 않게 볼 수 있다고 합니다. 그만큼 애정 표현이 과감해졌다고 할 수 있겠죠.

북한 사람들이 즐겨 찾는 데이트 장소는 어디일까요? 평양 젊은이들은 대동강을 따라 있는 ‘유보도’를 거쳐 모란봉을 올라 을밀대까지 산보하는 코스를 좋아한다고 합니다. 버드나무가 늘어선 대동강 강변은 경치를 즐기며 함께 걷기에 딱 좋다고 합니다. 유보도는 산책로를 뜻하는 북한 말인데, ‘거님길’이라고도 합니다.

최근에는 카페 같은 곳에서 차를 마시거나 함께 쇼핑을 하고 영화관을 찾는 사람들도 많다고 합니다. 여름에는 물놀이장을 찾기도 하고요.

북한에서는 여전히 중매결혼이 많긴 하지만 연애결혼이 늘어나는 추세랍니다. 공개적으로 데이트하는 사람들이 늘면서 스스로 자기 짝을 찾아 결혼하는 풍습이 자리 잡고 있다고 할 수 있습니다.

우리 민족은 예로부터 결혼식과 장례식을 집에서 하는 전통이 있었지요. 최근 들어 북한에도 결혼식장이 생기고 있다고는 하지만 여전히 대부분의 사람들은 집에서 결혼식을 합니다. 가까운 친지들을 집으로 불러 잔치를 치르는 거죠. 예전에는 신랑 집에서 한 번 신부 집에서 한 번, 합해서 결혼식을 두 번 하기도 했는데 요즘은 한 번으로 줄이는 집이 늘었답니다.

평양 같은 대도시에서는 호텔이나 큰 식당을 빌려서 결혼식을 하는 경우도 있습니다. 생활 수준에 따라 장소가 달라지는데, 호텔과 식당은 부유층들이 많이 이용하고 있다고 합니다. 사진을 찍고 동영상을 촬영해 주는 출장 사진사를 부르기도 하고, 대동강에서 모터보트를 타고 달리면서 웨딩 촬영도 합니다.

결혼식을 올리기 전에 신랑 신부가 가장 먼저 들르는 곳은 김일성 주석과 김정일 국방위원장의 동상이 있는 곳입니다. 동상이 없는 지역은 초상화가 있는 곳으로 가고요. 꽃다발을 놓고 인사를 한 다음 결혼식 장소로 이동합니다.

우리는 결혼식을 할 때 보통 신랑은 양복이나 턱시도, 신부는 웨딩드레스를 입습니다. 북한에서는 신랑은 양복, 신부는 한복을 입는다고 합니다. 그리고 결혼식 때 입는 옷을 '첫날옷'이라고 부릅니다. 참, 북한에는 신혼여행을 가는 풍습은 없다고 해요.

북한 사람들은 여러 사람이 모였을 때 주로 무엇을 하며 여가 시간을 보낼까요? 어른들은 가까운 야외에 나가 바람을 쐬기도 하고, 강변에 나가 낚시를 즐기기도 합니다. 운동을 좋아하면 '바드민톤'이나 탁구 혹은 당구를 치기도 합니다.

야외가 아닌 실내에서 모였을 때 제일 많이 하는 게 '주패놀이'라고 합니다. 주패놀이는 서양식 카드놀이입니다. 주패(主牌)는 트럼프 카드를 중국식 한자로 부르는 이름인데 주패놀이라는 말 대신 중국말을 써서 '홍스 논다'라고도 합니다. 대신 화투 놀이는 일본에서 온 것이라고 거의 하지 않는답니다.

카드놀이도 규칙에 따라 종류가 많습니다. 북한에서 가장 많이 하는 카드놀이는 사사끼 게임이랍니다. 4, 4, 에이스, 이 세 가지 카드를 쥐게 되면 가장 강한 패를 얻은 것으로 보는 게임입니다. 남녀노소 가릴 것 없이 사사끼를 즐기는데, 네 명이 있어야 게임을 할 수 있답니다. 순서대로 돌아가며 손에 쥔 카드를 버리는 방식으로 진행하고, 가장 먼저 모든 카드를 버리는 사람이 승리합니다. 최근에 남한 사회에도 알려지면서 사사끼를 배우고 즐기는 동호회가 생기기도 했습니다.

재미있는 건 각 카드를 부르는 이름입니다. 제이(J)는 낚싯대와 비슷하게 생겼다는 이유로 '낚', 큐(Q)는 뚱뚱하게 생겨서 '뚱', 케이(K)는 발음이 코와 비슷해 '코', 에이(A)는 가장 높은 숫자라서 '대가리'라고 부른다고 해요.

남북 이산가족 행사 자리에서 식사 시간에 오징어튀김이 나왔다고 합니다. 남쪽 가족들이 오징어튀김을 먹어 보라며 권하자 북쪽 가족들은 낙지튀김을 왜 오징어튀김이라고 하냐며 의아한 눈길로 보더랍니다.

왜 이런 일이 생겼을까요? 북한에서는 오징어를 낙지라고 부르기 때문입니다. 오징어와 낙지가 비슷하게 생겼다고는 하지만 둘을 혼동해서는 안 됩니다. 같은 연체동물이지만 오징어는 다리가 열 개고, 낙지는 다리가 여덟 개니까요. 하지만 북한에서는 오래전부터 오징어를 낙지라고 불렀던 모양입니다.

북한에서도 오징어라는 단어가 쓰이지만, 오징어는 갑오징어만을 가리킨다고 해요. 그렇다면 낙지는 북한에서 무엇이라 불릴까요? 바로 '서해낙지'입니다. 왜 그렇게 부를까요? 낙지는 뻘 깊숙한 곳에서 사는데 뻘은 서해 쪽에만 있거든요. 그래서 낙지 앞에 '서해'라는 말이 붙은 것입니다. 요즘은 오징어가 서해 쪽에서도 잡히지만 예전에는 주로 동해에서만 잡혔기 때문에 동해에서 잡히는 오징어는 그냥 낙지, 서해에서 잡히는 낙지는 서해낙지라고 불러 둘을 구분했던 듯합니다. 통일이 되면 낙지와 오징어 사이에서 헷갈릴 사람이 참 많겠죠?

'곱등어'라는 말, 들어 봤나요? 어떤 친구는 귀뚜라미를 닮은 꼽등이를 떠올릴지도 모르겠네요. 곱등어는 북한에서 돌고래를 부르는 이름입니다.

릉라 인민 유원지에 가면 곱등어관이 있습니다. 돌고래 쇼를 하는 곳인데, '동물교예'의 일종입니다. 북한에서는 곡예, 즉 서커스를 '교예'라고 합니다. 북한 교예단은 기술이 뛰어나서 세계적으로 유명합니다. 교예단 못지않게 북한이 자랑하는 게 곱등어들의 동물교예입니다. 릉라 인민 유원지의 곱등어관은 1,460석으로, 규모가 상당히 큽니다. 곱등어가 바다 생물이다 보니 수송관을 통해 남포의 바닷물을 직접 평양으로 끌어 들여 매일 순환시켜 준다고 합니다.

그럼 '하늘소'라는 동물은 어떤 동물을 가리키는 말일까요? 아마 짐작하기 쉽지 않을 겁니다. 하늘소는 당나귀를 가리키는 북한 말입니다. 김일성 주석과 김정일 국방위원장이 이 하늘소 고기를 무척 좋아했다고 합니다. 하늘소라는 이름도 당나귀라는 말의 어감이 좋지 않다면서 김일성 주석이 새로 지어 주었다는 말이 있을 정도입니다. 남한에서는 당나귀를 보기가 쉽지 않고, 당나귀를 고기로 먹는다는 생각을 하기도 어려울 겁니다. 그렇지만 북한에서 하늘소 고기는 "하늘에는 용 고기 땅에는 하늘소 고기."라는 말이 있을 정도로 맛있고 귀한 고기랍니다. 김대중 대통령이 평양을 방문했을 때도 하늘소 고기를 대접받았다고 합니다.

거짓말이 나쁘다는 건 누구나 아는 사실입니다. 하지만 거짓말을 전혀 하지 않고 사는 사람은 없다는 것도 사실이죠. 자기도 모르게 거짓말을 하는 경우가 있는데, 습관적으로 하면 그건 좀 심각한 문제가 될 겁니다.

아래 두 사람의 대화를 볼까요?

"내레 길을 가다 금덩이를 주웠는데 누가 볼까 봐 저기 산속에 묻어 놓지 않았겠소. 금을 캐서 팔 때까지 돈 좀 빌려주라요. 나중에 두 배로 갚을 테니."

"동무래 유모아가 심하구만. 나를 무슨 미시리로 보지 않고서야 어찌 그 런 말을 할 수 있소. 다시는 그런 꽝포를 놓지 말기요."

재미 삼아 꾸며 본 대화인데, 금덩이를 주웠다는 말이 거짓말이라는 것쯤은 누구라도 알 수 있는 일입니다. 친구가 저런 반응을 보이는 것도 당연하죠. 간혹 저렇게 터무니없는 거짓말을 늘어놓는 사람들을 우리는 허풍선이 혹은 허풍쟁이라 합니다.

그런데 이 대화에서 언뜻 이해하기 힘든 낯선 낱말들이 보이네요. '유모아'는 유머를, '미시리'는 바보를 가리키는 말입니다. '꽝포'는 거짓말을 뜻하는 말로, 흔히 '꽝포를 놓다'처럼 씁니다. 자주 꽝포를 놓는 사람을 '꽝포쟁이'라고 하는데, 거짓말쟁이나 허풍선이를 가리킬 때 쓰는 말이랍니다. 꽝포라는 말은 "꽝!" 소리만 요란한 대포라는 뜻입니다.

2010년 대구시 달서구 상인동에 '발개돌이 공부방'이 생겼습니다. 북한 이탈 주민의 자녀들을 위한 공간인데, 최근에는 '발개돌이 학교'로 운영되고 있습니다. 학교 수업을 마친 학생들이 이곳에 모여 숙제와 복습을 하고, 독서 토론과 노래 배우기 등 다양한 활동도 합니다. 그렇게 보면 여느 지역에 있는 공부방과 크게 다른 건 없습니다. 하지만 남한에 와서 낯선 문화에 적응 중인 친구들에게는 이곳이 의미 있는 곳일 겁니다.

'발개돌이'는 북한 말인데, 개구쟁이나 장난꾸러기와 비슷한 의미로 쓰는 말입니다. 북한 이탈 주민의 자녀들이 모이는 곳이라 공부방 이름을 일부러 '발개돌이'라고 정했다고 해요. "발개돌이라더니 어느새 어른이 다 되였구나."라는 문장이 북한 사전에 용례로 올라 있기도 합니다.

비슷한 말로 '말괄랭이'가 있습니다. 장난이 심하거나 성격이 괄괄한 여자아이들을 흔히 말괄량이라고 하지요? 북한에서는 말괄량이를 말괄랭이라고 합니다. 줄여서 '괄랭이'라고도 하고요.

앞에서 살펴본 것처럼 북한에는 동전이 다섯 종류가 있지만 실생활에서는 잘 쓰이지 않습니다. 북한 돈으로 쌀 1킬로그램을 사려면 약 5,000원이 필요하고, 달걀 한 알은 약 500원 정도 한답니다. 동전 중에 가장 큰 단위가 1원인데, 1원짜리 동전 500개가 있어야 겨우 달걀 하나를 살 수 있다는 얘기니, 동전은 있으나 마나인 셈이지요.

북한에서는 동전을 '짤락돈'이라고도 부릅니다. 서로 부딪치면 짤락짤락 소리가 난다고 해서 이런 이름이 붙었을까요? 워낙 가치가 없는 돈이다 보니, 시장에 나가는 사람이 아침에 짤락돈을 주우면 하루 종일 재수가 없다는 말이 있을 정도랍니다. 그래도 짤락돈이 아주

쓸모가 없지는 않다고 합니다. 아이들이 내기 놀이를 할 때 짤락돈을 쓴다고 하니까요.

그런데 이 짤락돈을 모으는 사람들이 있답니다. 각 나라의 화폐나 동전을 수집하는 사람들이 호기심에 북한의 1원짜리 동전을 30원에 사들이기도 한답니다. 중국 사람들도 북한 동전을 사들인다고 합니다. 10전짜리 동전 200개의 무게가 1킬로그램인데, 그걸 녹여서 재활용하면 훨씬 이익이 되기 때문이랍니다. 그러다 보니 동전이 있는 사람들도 언제 값이 오를지 몰라 내놓지 않게 되었고, 동전 구경하기가 더욱 힘들어졌습니다.

닭공장

우리나라 사람들은 닭고기를 참 좋아합니다. 농림축산식품부에 따르면 2018년 기준 1인당 14.2킬로그램의 닭고기를 소비했다고 합니다. 이렇게 많은 닭을 소비하다 보니 양계장도 많아야 하고, 좁은 공간에서 많은 닭을 키워야 할 겁니다. 제대로 움직이지도 못할 만큼 좁은 공간에 닭을 가둬 놓고 길러서 공장식 사육이라고 부르기도 합니다.

북한에도 대규모 양계장이 많이 있는데, 이런 곳을 '닭공장'이라고 부릅니다. 우리는 양계장이라는 말을 쓰지만, 실상은 우리가 훨씬 닭공장에 가까울 수도 있습니다.

북한의 닭공장은 닭을 체계적으로 키우기 위해 노력한다고 합니다. 시설을 현대화해서 대량으로 닭을 사육하고 있는데, 이를 위해 닭공장 안에 여러 개의 공간을 따로 마련해 놓고 있습니다. 알을 부화시켜 병아리가 태어나도록 하는 '알깨우기실', 닭에게 사료를 먹여 고기가 많이 붙도록 하는 '살찌우기실' 등 방마다 목적이 다릅니다. 알아듣기 쉽게 말을 풀어서 쓴 방 이름이 친근하게 다가옵니다. 그리고 북한의 닭공장에는 특이하게 '후보닭'이라는 게 있습니다. 후보닭은 달걀과 고기를 얻거나 종자로 쓰기 위하여 따로 기르는 어린 닭을 가리킵니다.

북한에서는 닭뿐만 아니라 가축을 대량으로 기르는 곳이면 모두 공장이라고 부릅니다. 오리공장, 돼지공장 하는 식으로요. 심지어 버섯을 재배하는 곳을 버섯공장이라고 부르기도 합니다. 우리 같으면 버섯 농장이라고 할 텐데, 공장이라는 말의 용법이 다르다는 걸 알 수 있습니다.

'백공오리'라고 하면 오리의 종류 중 하나일 거라 여길 사람이 많을 겁니다. 하지만 오리와는 전혀 관련이 없는 말입니다. 백공오리가 무엇을 뜻하는 말인지 알면 우리와 다른 북한식 표현 하나를 알 수 있습니다. 결론부터 이야기하면 백공오리는 마라톤을 일컫는 말입니다. 북한에서는 마라톤을 '마라손' 또는 '백공오리'라고 하거든요.

마라톤을 왜 백공오리라는 말로 부르게 됐을까요? 이는 숫자를 읽는 방법이 우리와 달라서이기도 합니다. 마라톤 코스 길이 42.195킬로미터를 리 단위로 바꾸면 약 105리 정도인데, 숫자 '105'를 북한식으로 읽으면 '백공오'가 되거든요. 북한에서는 백 단위에서 가운데에 숫자 '0'이 들어가면 '공'으로 읽어요. 아파트 호수를 예로 들자면, 503호를 우리는 '오백삼 호'라고 읽지만 북한 사람들은 '오백공삼 호'라고 읽는답니다.

숫자를 다르게 읽는 예는 이 밖에도 더 있습니다. 북한 이탈 주민이 정육점에 가서 고기를 살 때 이렇게 말했답니다.

"돼지고기 세 킬로그램 주세요."

그러자 정육점 주인이 고개를 갸웃거렸다는군요. 우리 같으면 '돼지고기 삼 킬로그램'이라고 했을 텐데 낯선 표현을 쓰니까 당황한 겁니다. 같은 식으로, 2달러를 '두 달러'라고 하는 것도 북한식 어법입니다.

외래어를 읽는 방식도 조금 다릅니다. 비타민 B1, B2를 우리는 비타민 '비 원', '비 투'라고 읽지만 북한 사람들은 비타민 '비 하나', '비 둘'이라고 읽습니다. 복사용지로 많이 쓰는 A4 용지도 우리는 '에이 포'라고 하지만 북한에서는 '에이 사'라고 하고요. 알파벳은 어쩔 수 없이 영어 발음으로 읽지만 뒤에 붙은 숫자는 우리말로 읽으려 한다는 걸 알 수 있어요.

같은 말인데도 남한 사람과 북한 사람이 사용하는 뜻이 서로 다른 낱말들이 있어요. 북한 사람에게 선물이나 도움을 주려고 할 때 "일없습네다."라는 대답이 돌아와서 당황했다는 일화가 종종 방송에 나옵니다. '일없다'가 '괜찮다'라는 뜻을 가진 말이라는 걸 몰라서 그랬던 거죠.

'소행'이라는 말을 예로 들어 볼까요? 우리는 이 말을 부정적인 뜻으로 쓸 때가 많습니다. "생각할수록 저놈의 소행이 참 괘씸해."라고 할 때의 소행은 잘못된 행동을 의미합니다. 하지만 북한 사람들은 긍정적인 뜻으로 이 말을 쓰는 경우가 더 많아요. '아름다운 소행'이나

'올바른 소행' 같은 식으로요.

'방조'라는 낱말도 같은 경우입니다. 곁에서 도와준다는 뜻인데, 우리는 주로 부정적인 일을 함께 했을 때 씁니다. 좋은 일보다는 범죄를 도와주었을 때 주로 쓰지요. 그래서 범죄를 도와준 사람에게는 방조죄를 적용해서 처벌합니다. 하지만 북한에서는 이 말을 좋은 뜻으로 많이 씁니다. 「푸른 주단 우에서」라는 북한 영화에서 담임교원이 학생에게 다음과 같은 대사를 합니다.

"나도 이제부터 수학 공부를 많이 해서 금동이를 방조할 테니 다음번엔 꼭 5점을 맞자요."

북한 학교에서 5점은 만점에 해당합니다. 공부하는 걸 도와준다는 좋은 뜻으로 방조라는 말을 사용하고 있다는 걸 알 수 있어요.

북한 친구들이랑
축구하고 싶다.
♥+1
할아버지가 해 주시는 음식들 다 맛나 보여. ㅠㅠ
이 채널 요새 우리 반 유행임.ㅋㅋㅋ
구독
+1
+1
뿌듯하다!
역시 다들 북한이
궁금했던 거야.
반응 봐!

한눈에 보는 남북한 말모이

1부 ◦ 궁금해, 북한 친구들의 학교생활

 # 학교와 교육

남한 말/뜻	북한 말
고등학교	고급중학교
공책	학습장
교감	부교장
교사	교원
군대나 직장을 거치지 않고 곧장 대학에 입학한 학생	직통생
낙제를 하다, 미역국을 먹다	락제국을 먹다
단짝	딱친구, 단패짝
담임 교사	담임교원
대학 입시 수학 기출문제집	꿀꿀이 문제집
도시락	곽밥, 벤또

남한 말/뜻	북한 말
동아리 활동, 방과 후 활동	소조활동
모눈종이	채눈종이
뭇매	모두매
방과 후 활동을 위한 교육 기관	학생소년궁전, 소년궁전
볼펜	원주필
비판하는 내용을 적은 글, 반성문	비판서
빼먹다, 땡땡이치다	뚜꺼먹다
생활, 학습, 사업 태도 등을 분석하고 경험과 교훈을 찾는 것	총화
샤프	수지연필
성적이 낮거나 여러 문제를 일으키는 학생	락후생
셀로판지	빨락종이
소풍, 들놀이	원족
수업	상학
수업 시간	상학 시간

남한 말/뜻	북한 말
스카치테이프	붙임띠
스케치북	도화책
영재 교육	수재 교육
졸업장	졸업증
중학교	초급중학교
직책이나 직위에서 물러나게 함	철직
집단 따돌림, 왕따	모서리주기
청소 부장	위생 위원
초등학교	소학교
최고 지도자의 어록이나 사진 등을 관리하는 일	정성 사업
친구	동무
퇴학	출학
파스텔	그림분필
팔레트	조색판, 갤판
필통	필갑
학급회장	학급장

남한 말/뜻	북한 말
17세 이상 공민에게 부여하는 법적 증명서, 일종의 주민 등록증	공민증
값이 싸다	값이 눅다
계좌 번호	돈자리
교통경찰관	교통보안원
국무 회의와 비슷한 최고 정책 지도 기관	국무위원회
국회에 해당하는 대의 기관	최고인민회의
기름	연유
돈을 많이 가진 사람, 신흥 부자	돈주
돌연변이	갑작변이
돌연사	갑작죽음
돌풍	갑작바람
떨이	꼬리 떼기

남한 말/뜻	북한 말
물건을 싸게 팔거나 사는 일, 또는 그런 물건	눅거리
바겐세일	막팔기, 눅거리 팔기
바코드	띠부호
벼락부자	갑작부자
보따리장수	달리기장사
보안 임무를 맡은 사람, 북한의 경찰관	보안원
북한 경제가 아주 어려웠던 시기	고난의 행군
북한에서 발행되는 스포츠 복권	체육추첨
북한의 수도	평양직할시
상이군인	영예군인
생활필수품	인민소비품
손님을 접대하는 사람	봉사원
수수료	봉사 료금
수표	행표

남한 말/뜻	북한 말
시장	장마당
온라인 쇼핑몰	전자상점
유류 저장소	연유창
은행	저금소
입금	돈넣기
주유소	연유 공급소
출금	돈빼기
카트	밀차
택시	알락이, 택시
한글	조선글
한글날	조선글날
한약	고려약
한의사	고려의사
한의원	고려병원
화물차, 택배 차량	서비차

남한 말/뜻	북한 말
가스레인지	가스곤로
감자튀김	감자튀기
그룹	그루빠
끼니	때식
냉면	랭면
냉장고	랭동기
노크	손기척
녹말	농마
달걀, 계란	닭알
달걀덮밥	닭알쌈밥
달걀말이	닭알말이
달걀찜	닭알두부, 닭알공기찜
달걀프라이	닭알부침
닭튀김	닭튀기
도넛	가락지빵, 도나트

남한 말/뜻	북한 말
땅콩	락화생
라면	즉석국수, 꼬부랑국수
러시아	로씨야
멕시코	메히꼬
믹서기	분쇄기
바게트	베개빵
발등이 드러나는 모양의 운동화	편리화
백설기처럼 만든 달콤한 생과자	단설기
부츠	왈렌끼, 가죽 장화
북한식 유부초밥	두부밥
북한에서 생산되는 초코파이	쵸콜레트단설기
상추	부루
소시지	칼파스, 꼴바싸, 고기순대
수제비	뜨더국
스키니 진	몸매바지, 땡빼바지
스타킹	살양말, 긴양말

남한 말/뜻	북한 말
스파게티	스빠게띠
슬리퍼	끌신
실내화	방신
아이스크림	에스키모
아파트	아빠트
압력 밥솥	압력 밥가마
양배추	가두배추
양파	둥글파, 양파
어묵	물고기떡, 고기떡
에어컨	랭풍기
오므라이스	닭알씌운밥, 닭알씌움밥
옥수숫가루로 짧은 시간에 만드는 떡	속도전떡
온풍기	열풍기
옷 가게	피복 전시장
옷 공장	피복 공장

남한 말/뜻	북한 말
와플	구운빵지짐
외출복	나들이옷, 갈음옷
운동복	단복
원피스	달린옷
육체노동을 하는 데 편리하게 만든 신발	로동화
장식 없이 단순한 디자인으로 만들어 누구나 평등하게 입는 옷	인민복
잼	단졸임, 과일단졸임
전기밥솥	전기밥가마
점퍼	슈바
젤리	과일단묵
주스	과일단물
진공청소기	흡진기
쫄바지	쫑대바지
채소	남새
초콜릿	쵸콜레트

남한 말/뜻	북한 말
칼국수	칼제비국
커피포트	전기 주전자
컵라면	그릇 즉석국수, 고뿌 즉석국수
케이크	똘뜨
콩으로 만든, 고기 맛이 나는 식재료	인조고기
타이츠	양말바지
탄산음료	탄산단물
토마토	도마도
통닭	통닭튀기
통조림	통졸임
투피스	나뉜옷
튀김옷	튀기옷
트랙터	뜨락또르
패션쇼	조선옷 품평회

남한 말/뜻	북한 말
펑펑이 가루로 만든 떡	펑펑이떡, 퐁퐁이떡
피망	사자고추
피자	삐짜
하이힐	뾰족구두, 빼딱구두, 빼또구두
한복	조선옷
한식	조선료리, 조선음식
한옥	조선집
한우	조선소
함흥냉면	농마국수
햄버거	고기겹빵
화장실	위생실
화장지	위생지, 위생종이

남한 말/뜻	북한 말
골	꼴
골대	꼴대, 꼴문대
골키퍼	문지기, 꼴키퍼
국가 대표	종합 선수단
국가로부터 '공훈' 칭호를 받은 예술가	공훈배우
국가로부터 '인민' 칭호를 받은 최고 예술가	인민배우
노래방	화면반주음악실
노트북	노트콤
놀이공원	유희장
대중가요	군중가요
드라마	텔레비죤 련속극, 텔레비죤 련속소설
드리블	몰기
레드카드	빨간딱지, 퇴장표

남한 말/뜻	북한 말
레인	헤염길
롤러코스터	관성렬차, 회전관성렬차
리듬 체조	예술체조
리본	댕기
마우스 패드	마우스 밑판
미드필더	중간방어수
바이러스	비루스
바이킹	배그네
배영	누운헤염
백신	왁찐
백업	예비 복사
범퍼카	전기자동차
비밀번호	암호
선수촌	체육촌
쇼트 트랙	짧은주로 속도빙상경기

남한 말/뜻	북한 말
수비수	방어수
수영복	헤염옷
수영장, 워터 파크	물놀이장
스마트폰	타치, 타치폰
스마트폰 계산기 프로그램	수산기
스마트폰 메모장 프로그램	기록장
스마트폰 문자 프로그램	통보문
스마트폰 사진 보관 프로그램	서고, 화면 서고
스마트폰 인트라넷 프로그램	열람기
스케이트	스케트
스피드 스케이팅	속도빙상경기
아나운서	방송원
아이스하키	빙상호케이
애플리케이션을 판매하는 오프라인 시장	봉사 시장
옐로카드	노란딱지, 경고표

남한 말/뜻	북한 말
유람선	식당배
자유형, 자유영	자유영, 뺄헤엄
자이로 드롭	급강하탑
접영	나비영, 나비헤염
주장, 에이스급 선수	기둥 선수
줄	뙴줄
채널	통로
컬러텔레비전	색텔레비죤, 천연색텔레비죤
컴퓨터	콤퓨터
코너킥	구석차기, 코너키크
코치, 감독	지도원
키보드	건반
태블릿 피시	판형 콤퓨터
텔레비전	텔레비죤
텔레비전 채널	텔레비죤 통로

남한 말/뜻	북한 말
패스	련락, 파스
페널티 킥	십일메터벌차기, 페널티키크
평형	가슴헤엄, 개구리헤엄
프리 킥	벌차기, 벌칙차기, 프리키크
프린터	인쇄기
피겨 스케이팅	휘거
피시방	정보 봉사소
하키	호케이
헤딩	머리받기
회전목마	회전말
후프	륜
휴지통	회수통

남한 말/뜻	북한 말
갈래머리	쌍태머리, 량태머리
갑오징어	오징어
거들어서 도와줌	방조
거짓말	꽝포
결혼식 날 신부가 입는 옷	첫날옷
곡예, 서커스	교예
괜찮다	일없다
귀통증	귀쏘기
낙지	서해낙지
남편	세대주
냅킨	입종이, 내프킨, 종이수건
눈썹	눈섭
다이어트	몸까기, 살까기

남한 말/뜻	북한 말
달걀과 고기를 얻거나 종자로 쓰기 위해 따로 기르는 어린 닭	후보닭
당나귀	하늘소
돌고래	곱등어
동전	짤락돈
로션	물크림
린스	머리영양물비누
립스틱	입술연지
마라톤	백공오리, 마라손
마스크 팩	미안막
말괄량이	말괄랭이, 괄랭이
맞벌이 부부	직장세대
매니큐어	손톱물감
머리를 감다	머리를 빨다
바보	미시리
배드민턴	바드민톤

남한 말/뜻	북한 말
백혈구	흰피알
비비 크림	분크림
산책, 데이트	산보
산책로	유보도, 거님길
살이 빠지다	몸이 까지다
살이 찌다	몸이 나다
생리대	위생대
샴푸	머리물비누
서양식 카드놀이	주패놀이
선크림	해빛방지크림
스킨로션	살결물, 미안수, 화장수
스트레이트파마로 곧게 편 머리 모양	직발머리
아이브로펜슬	눈섭먹, 눈섭연필
아이섀도	눈등분

남한 말/뜻	북한 말
양계장	닭공장
염색약	머리물감
옆머리와 뒷머리를 짧게 깎은 머리	패기머리
오징어	낙지
윗니	웃이
유머	유모아
이빨	이발
일회용 물티슈	일회용 물수건
장난꾸러기	발개돌이
적혈구	붉은피알
주부	가두녀성
짱구	남북머리
차트	깔따
충치	삭은이
치과	구강과

남한 말/뜻	북한 말
치통	이쏘기
파마를 하다	머리를 감다
피부 관리실	미안실
해 놓은 일이나 행동	소행
핸드크림	손크림
허풍선이, 거짓말쟁이	꽝포쟁이
혈액 순환	피돌기
혈액형	피형

출처 및 참고 문헌

출처

96쪽 「평양 시민들이 이용하는 '알락이'란?」, 『아시아경제』, 2019년 1월 22일 자 기사

98쪽 권기봉, 「장전항에서 온정리까지 8.15km를 걷다」, 『오마이뉴스』, 2003년 8월 22일 자 기사

220쪽 「평양 최고급인 고려 호텔 들어가 보니」, 『서울신문』, 2018년 4월 4일 자 기사

참고 문헌

겨레말큰사전남북공동편찬사업회, 『한눈에 들어오는 남북 생활 용어 2』, 맵씨터, 2019

김덕우 외, 『남북 탐구 생활 1, 2』, 아이세움, 2018

서의동, 『다음 세대를 위한 북한 안내서』, 너머학교, 2018

이지상, 『여행자를 위한 에세이 北』, 삼인, 2019

주성하, 『평양 자본주의 백과전서』, 북돋움, 2018

통일부 통일교육원, 『2019 북한 이해』, 통일부 통일교육원, 2019

기타

겨레말큰사전남북공동편찬사업회 누리집 www.gyeoremal.or.kr

우리말샘 누리집 opendic.korean.go.kr

통일부 공식 블로그 blog.naver.com/gounikorea

통일부 통일교육원 누리집 www.uniedu.go.kr

남북한 청소년 말모이

초판 1쇄 발행 • 2020년 7월 30일
초판 6쇄 발행 • 2022년 6월 15일

기획 • 겨레말큰사전남북공동편찬사업회
글 • 정도상 박일환
그림 • 홍화정
감수 • 겨레말큰사전남북공동편찬사업회 연구 기획팀장 김미경
펴낸이 • 강일우
편집 • 서영희 최은영
펴낸곳 • (주)창비교육
등록 • 2014년 6월 20일 제2014-000183호
주소 • 04004 서울특별시 마포구 월드컵로12길 7
전화 • 1833-7247
팩스 • 영업 070-4838-4938 / 편집 02-6949-0953
홈페이지 • www.changbiedu.com
전자우편 • textbook@changbi.com

ISBN 979-11-6570-006-5 41300